역사 속에 묻힌 인물들

글앤북 지식총서 ②

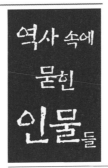

역사 속에 묻힌 인물들

박관우 지음

글앤북
Geull&Book

2013년은 대한제국의 발상지이면서 동시에 민족의 구심점이라 할 수 있었던 원구단이 일제에 의하여 철거된 지 정확히 100년이 되는데, 이러한 해에 첫 저작물을 출간하게 된 것을 뜻 깊게 생각한다.

필자는 오랜 세월동안 역사 속에 묻힌 인물들의 행적을 추적하였으며, 이를 정리하여 그러한 결과물들을 한 권의 책으로 엮었다고 하는 점에서 그 의미를 부여할 수 있다고 본다. 구체적으로 여기에는 그동안 거의 소개되지 않았던 인물들이 주류를 이루고 있으며, 33인의 왕과 왕족, 학자, 독립운동가로 구성되어 있다.

특히 일제 강점기 만주에서 군자금을 모집하다가 행방불명된 박의서의 행적을 추적하는 과정에서 뜻밖에 박찬오의 판결문을 발견하게 되면서 그것이 하나의 계기가 되어 독립운동가 발굴활동을 본격적으로 하게 되었다.

그동안 총 6명의 독립유공자 신청서를 제출하여 그중에서 2명의 독립운동가가 지난 2008년 3·1절에 독립유공자로 추서되었다.

이번에 저작물이 출간되는 과정에서 늘 격려와 용기를 주셨던 박은순 작가님을 비롯하여 출판사를 추천하여 주신 방준필 교수님과 물심양면으로 애써 주신 한신규 대표님을 포함한 출판사 직원 분들에게 감사드린다.

끝으로 기쁠 때나 힘들 때 늘 힘이 되어 주었던 임용환 신부님의 우정 덕분에 이 자리까지 올 수 있었으며, 작년에 뜻밖의 병으로 인하여 어려움을 겪고 있지만 강인한 정신력으로 극복하고 있는 누이동생과 필자의 오늘이 있기까지 곁에서 든든한 버팀목이 되어 주었던 아내와 올해에 중학교에 입학한 아들과 함께 첫 출간의 기쁨을 나누고 싶다.

2013년 7월
문암 박 관 우

3 학자

4 독립운동가

1

왕

비운의 왕

광해군

과거의 인물들을 뒤돌아 볼 때 오늘날 그 의미가 크게 와 닿지 않는 인물이 있는가하면 그와는 반대로 오늘날에 와서도 존재가 새롭게 부각되는 인물들이 있는데, 그러한 인물들 중의 한명으로 광해군을 들 수 있다.

한 나라의 국왕으로서 탁월한 국제 감각을 가지고 있었으면서도 왕에서 군(君)으로 격하되어야 하였던 비운의 군주 광해군은 어떤 발자취를 남겼는지 살펴보기로 하자.

광해군은 1575년 조선왕조 14대 임금인 선조와 공빈 김씨 사이에 임해군에 이어 차남으로 출생하였으며, 휘諱는 혼琿이었다. 1592년 4월 23일 임진왜란이 일어나면서 선조와 함께 피난길에 오르기 전에 왕세자로 책봉된 이후 임진왜란으로 악화된 민심을 수습하는데 심혈을 기울였으며, 왕세자로서 군사들을 총지휘하여 왜적에 항거하면서 뛰어난 리더십을 보여 주었다.

그러나 뜻하지 않은 불행의 전조가 싹트고 있었는데 그것은 영창대군의 탄생으로 시작된 왕실의 불행이었다.

원래 선조는 정통성 문제에 있어서 열등감을 가지고 있었는데, 선조의 생부인 덕흥대원군은 중종의 아들이었지만 정비가 아닌 후궁 창빈 안씨의 소생이었다.

광해군 묘

선조는 정비의 소생이 나오기를 원했지만, 의인왕후가 후손을 두지 못하고 1600년에 승하하였다.

의인왕후에 이어서 계비로 간택된 왕후가 김제남의 딸인 인목왕후였다.

인목왕후가 선조가 승하하기 2년 전인 1606년 왕자를 소생하는데 9살의 어린 나이로 유배지인 강화도에서 죽음을 맞이한 영창대군이었다.

영창대군의 탄생으로 인하여 선조를 비롯하여 소북파의 대신들이 영창대군을 왕세자로 책봉하기 위한 움직임이 가시화되고 있는데 1608년 선조가 승하를 하면서 광해군이 33세의 나이로 왕위를 계승하였다.

광해군이 즉위한 것을 계기로 대북파의 후원을 받으면서 조정은 대북파가 장악하였다.

이런 상황에서 영창대군을 옹립하는 역모사건이 일어나게 되어 광해군은 처음에는 수용하지 않았지만, 대북파의 주청으로 영창대군을 강화도로 위리안치圍離安置하였으며 영창대군은 1614년 불행한 죽음을 맞이하였다.

그런데 불행은 여기에서 그치지 않고 인목왕후는 서인으로 강등되어 서궁으로 유폐되고, 친정아버지인 김제남도 죽음을 당했는데, 이러한 사건들이 인조반정이 일어나게 된 하나의 명분이 되었다.

광해군은 15년이라는 짧은 기간 동안에 재위를 하였지만 민생안정을 위하여 대동법을 실시하고 양전을 설치하는 한편, 임진왜란으로 질서가 무너진 한성부를 회복하고 창덕궁의 중건을 비롯하여 경희궁, 인경궁을 준공하는 등 여러 가지 치적을 남겼다.

여기서 주목해야 할 부분은 광해군이 뛰어난 국제 감각이 있었다는 점인데, 후금(後金)이 광해군 때는 침략하지 않고 인조 때 침략하여 나라를 초토화시키고 한 나라의 국왕이 청나라 황제에게 무릎을 꿇고 항복하였다. 당시 후금(後金)을 치기 위해서 명나라가 조선에 원군을 요청하였을 때 광해군이 비밀리에 강홍립 장군에게 밀지(密旨)를 내리어 명나라의 입장도 생각하면서 후금(後金)에게 투항(投降)하는 방법을 취한 것은 실리적인 방법이었다.

물론 임진왜란 때 조선을 도와준 명나라의 의리를 모르는 바는 아니지만 광해군은 조선이 처한 상황에서 합리적인 외교력을 발휘하였다. 다시 말해서 명분도 중요하지만 그에 못지않게 실리의 중요성도 무시할 수 없는 것인데, 당시 친명정책을 대부분 지지하였던 신하들로서는 이러한 광해군의 정책을 이해하지 못하였으며, 영창대군의 죽음과 관련된 윤리적인 문제에다가 이런 문제까지 발생하여 개혁군주로서 손색이 없음에도 불구하고 인조반정에 의해 왕위에서 쫓겨나게 된다.

광해군은 1623년 인조반정으로 폐주廢主가 되어 강화도와 제주도에서 한恨많은 18년의 세월을 보내고 1641년 67세를 일기로 승하하였다.

광해군이 윤리적인 문제가 있었다고는 하지만 백성들을 위하여 여러 가지 정책을 실시하고, 특히 당시 복잡한 국제정세 속에서 슬기롭게 대처함으로써 후금後金의 침략을 막은 점은 재평가되어야 한다.

권력지향의 군주

인조

　선조의 손자로서 능양군綾陽君으로 책봉된 이후 서인들의 추대에 의하여 인조반정으로 왕이 되었으나 권력지향에 대한 의지가 강하였으며, 한 나라의 국왕으로서 청나라 황제에게 절을 해야만 했던 인조는 어떤 생애를 살았는지 뒤돌아보고자 한다.

　인조는 1595년 선조의 아들인 정원군定遠君의 장남으로 출생하여 능양군綾陽君으로 책봉되었으며, 그 밑으로 능원군綾原君, 능창군綾昌君, 능풍군綾豊君이 있었다. 그중 능창군綾昌君이 제일 뛰어났다고 하는데, 1615년 당시 17세인 능창군綾昌君이 역모죄로 강화도에서 죽음을 맞이하는 비극적인 일이 일어났으며, 이 사건으로 능양군綾陽君은 백부伯父가 되는 광해군에게 원한을 품었고, 그것으로 인해 인조반정이 일어나게 됐다.

인조반정이 발생한 이후 1623년 서인들의 추대를 받은 능양군綾陽君에 의해 광해군은 폐위廢位가 되고, 능양군은 조선 16대 임금인 인조가 되었다.

그런데 인조가 즉위한 이듬해인 1624년 당시 평안병사로 있던 이괄이 인조반정 때 논공행상論功行賞에 불만을 품고 반란을 일으켜 한때나마 인조가 공주로 피난을 가고 한양이 반란

인조묘

군에 점령되는 급박한 상황에 이르렀다. 이괄은 선조의 11남인 흥안군興安君을 왕으로 추대하였지만 그의 부대가 관군에게 패한 이후 결국 부하에 의하여 죽음을 당하면서 반란은 진압되었다.

이괄의 난은 인조시대가 결코 순탄치 못할 하나의 불길한 징조를 예고하는 것이었다.

이괄의 난이 일어난지 3년1627년후에 병자호란의 전주곡前奏曲이라 할 수 있는 정묘호란이 일어났으며, 그 결과 조선은 당시 후금後金과 형제관계兄弟關係를 맺을 수밖에 없었다.

정묘호란이 일어난 9년1636년후엔 병자호란이 일어났고 인조가 청나라 황제에게 절을 하며, 굴욕적인 항복을 하였다.

이와 더불어 소현세자와 봉림대군이 심양瀋陽에 볼모로 간 것을 비롯하여 수많은 백성들이 끌려가서 수난을 당하였다. 그런데 인조시대의 사건은 이것으로 끝나지 않았다는 점이다.

8년 동안의 볼모생활을 한 소현세자가 귀국한 후 2개월만에 의문의 죽음을 당하였으며, 강빈姜嬪도 사약을 받았을 뿐만 아니라 친정도 참화를 당하였다.

여기에다가 소현세자의 아들 삼형제도 전부 귀양을 갔다가 장남과 차남은 병으로 죽고 삼남만이 생존하여 결국 경안군慶安君으로 복위되었다.

인조가 광해군을 폐위廢位시키고 즉위하였지만 정통성의 기반이 약하고 권력지향의 의지가 강하였기 때문에 그의 재위기간 내내 나라는 평화롭지 못하였으며, 국왕이 적국의 황제에게 절을 하였을 뿐만 아니라 아들을 비롯하여 며느리가 의문의 죽음을 당하였고, 심지어 손자들까지 귀양을 보내어 병으로 죽었으니 참으로 불행한 역사였다고 말하지 않을 수 없다.

끝으로 인조는 마침내 재위한지 26년이 되는 1649년 55세를 일기로 파란만장한 생애를 마쳤다.

든든한 버팀목

영조

　조선왕조 역대 임금들 중에서 재위기간이 가장 긴 임금이 영조라 할 수 있는데 52년을 재위하며, 한 나라의 군주로서 어떠한 발자취를 남겼는지 살펴보기로 하겠다.

　영조는 1694년 숙종과 무수리 출신의 최숙빈 사이에 출생하였다. 5세에 연잉군延仍君으로 책봉册封되었으며, 1720년 숙종이 승하하고 이어서 장희빈의 소생인 경종이 즉위하였다. 당시 노론은 장희빈의 소생인 경종의 왕권을 인정하지 않았으며, 그 대신 연잉군延仍君을 지지하였는데, 거기에 반하여 소론은 경종을 지지하였다.

경종은 1721년 노론의 압력으로 연잉군延礽君을 왕세제王世第로 책봉冊封하였으며, 대리청정代理廳政까지 요구하였다.

이러한 노론측의 움직임에 소론이 일대반격을 가하여 연잉군延礽君의 대리청정代理廳政을 역모로 몰아서 노론의 4대신 즉 김창집, 이이명, 이건명, 조태채를 비롯하여 많은 사람들이 연루되어 화禍를 입었는데, 이 사건을 신임사화辛壬士禍라 한다.

영조어진

이런 상황에서 노론의 지지를 받고 있는 연잉군延礽君도 생명의 위협을 느꼈지만 경종의 선처로 그 고비를 넘겼다. 그러나 경종이 재위한지 4년 만에 의문의 승하를 하였다. 경종이 승하하면서 왕세제王世第인 연잉군延礽君이 왕위를 계승하였다.

영조는 즉위하면서 당쟁의 피해를 절실히 느꼈으며 당파에 관계없이 인재를 골고루 등용하는 탕평책蕩平策을 실시하였지만 노론의 지지로 왕위를 계승하였으므로 노론의 그늘에서 완전히 벗어날 수는 없었다.

영조의 장남은 본래 효장세자이었으나 병으로 일찍 죽고 1735년 새로운 왕자가 출생하였다. 사도세자에 대한 영조의 기대는 남달랐으며, 그러한 기대에 부응하듯 그도 어릴 때 총명하였다고 한다. 이러한 관계가 경종의 승하에 대한 영조와 사도세자의 입장차이로 부터 균열을 일으키게 되었다.

영조는 경종을 반대하였던 노론측의 입장을 지지하고 있었으며, 사도세자는 경종을 옹호하였던 소론을 지지하였다.

사도세자는 경종의 승하에 대하여 의문을 품게 되고 이로 인하여 부왕과 보이지 않는 갈등을 겪게 되었으며, 이러한 부왕을 발판으로 정권을 장악한 노론을 못마땅하게 보았다.

노론은 사도세자가 왕위를 계승하기 전에 그를 제거할 계획을 세우게 되며, 1762년 나경언의 고변사건을 일으키며, 그의 비행이 적힌 10가지 항목을 영조에게 올렸는데 여기에 진노한 영조가 자결을 명하였다.

영조는 비록 아들을 뒤주 속에 가둬 죽였지만, 여러 가지 치적을 남겼다. 균역법均役法을 시행한 것이라든지, 나라에 금주령

禁酒令을 내렸으며, 압슬형을 폐지하고 신문고 제도를 다시 부활시키는 등 민생안정을 위하여 여러 가지 시도를 하였으며, 이와 더불어 학문적인 측면에서도 감란록勘亂錄과 숙묘보감肅廟寶鑑을 비롯하여 다양한 문헌들을 편찬編纂하였다.

특히 당시 동궁인 정조를 정적들의 위협 속에서 지켜준 점과, 승하하기 직전에 동궁으로 왕위를 계승하라는 유교遺敎를 남긴 것은 인조가 소현세자가 의문의 죽음을 당한 이후 그의 장남을 왕세손으로 책봉하지 않고 귀양을 보낸 대목과 대비된다고 할 수 있다.

영조가 정조의 든든한 버팀목이 되지 못하였다면 당시 신변의 위협이 항상 엄존하는 상황에서 그의 왕위계승은 장담하기 힘들었을 것이다.

그런 의미에서 볼 때 영조가 아들을 뒤주 속에서 죽게 만든 불행의 장본인이 되었지만 왕권을 안정시키고 백성들을 위하여 여러 가지 개혁정책을 실시하여 훗날 정조가 성군聖君이 되는데 있어 지렛대 역할을 한 점을 높이 평가한다.

탁월한 학자군주

정조

조선왕조 500년 역사를 뒤돌아 볼 때 세종과 더불어 성군聖君이라 일컫을 수 있는 정조가 승하한지 어느 덧 200년이 넘었다. 영조의 손자로서 뒤주 속에서 죽음을 당하였던 사도세자의 아들 정조는 어떤 삶을 살았는지 알아보기로 하자.

정조는 1752년 9월 22일에 창경궁 경춘전에서 사도세자와 혜경궁 홍씨 사이에 출생하였다. 8세가 되는 1759년에 세손으로 책봉되지만, 1762년에 불과 11살이라는 어린 세손으로서 생부가 조부에 의하여 죽음을 당하는 비극적인 광경을 목격하였다. 사도세자의 죽음이후 동궁으로서 14년 동안 수많은 생명의 위협을 극복하였다.

즉위한 이후 가장 비중을 둔 것은 왕권의 강화이었으며, 이 것은 정조가 재위기간 내내 추구하였던 강력한 모토이었다. 물론 조부인 영조도 왕권강화를 중시하였지만, 지지기반이 노 론이었기에 한계가 있었으며, 이러한 노론의 지지가 훗날 사 도세자를 죽음으로 내몰게 된 하나의 불씨가 되었다. 여기에 비하여 정조의 왕권강화책은 어떤 특정지지 기반이나 외척의 후원에 의한 왕권강화가 아니라 자신의 힘으로 수립하였다.

이러한 왕권강화를 수립하는데 있어서 가장 대표적인 것은 규장각 설치와 화성의 축조였다.

첫째. 규장각 설치였다.

규장각은 정조가 즉위한 이튿날에 설치하였는데, 겉으로 드 러나는 명분은 왕실 도서관으로서 선비들에게 학문을 장려하 는 의미가 있었지만 그 이면에는 초계문신 양성을 통한 친위 세력의 규합이 잠재하고 있었다. 정조의 궁극적인 목표는 왕 권강화였으며, 자신의 뜻에 동참하여 줄 제3의 세력이 필요하 였는데, 그 세력을 초계문신抄啓文臣으로 생각하였다.

둘째. 화성축조였다.

임오화변壬午禍變으로 목숨을 잃은 사도세자의 묘소는 원래 양주 배봉산으로 옮겨져서 수은묘垂恩墓라 불렸는데, 그 묘소가 초라하기 이를 데 없어 정조가 직접 수원의 화산으로 묘소를 옮기면서 이름을 현륭원顯隆園으로 개명하였다. 정조는 사도세자 묘소의 이장移葬을 통하여 명예회복을 시도하면서 동시에 새로운 도시를 건설할 계획을 세웠다. 원래 묘소가 위치하였던 수원도호부를 당시 팔달문 아래로 옮기고 여기에 동반하여 백성들도 함께 이주시키면서 새로운 도시를 형성하는 기반을 갖추었다.

1794년에 화성축조 계획을 밝혔는데, 10년에 걸친 공사를 하면서 완공기간까지 왕권을 충분히 강화시킨 연후에 화성이 완공이 됨과 동시에 아들에게 양위하고 상왕으로서 화성행궁에 거처할 계획을 잡았는데, 공사한 지 약2년 6개월만인 1796년에 화성이 완공되었다.

이와 관련하여 공사기간이 대폭 단축된 것은 당시 설계를 하였던 다산 정약용이 발명한 거중기擧重機의 영향이 컸다고 할 수 있다.

이러한 화성의 완공을 기반으로 하여 친위세력인 장용영을 전진배치 하였으며 노론 벽파세력에게 강력한 경고를 하게 되면서 노론도 긴장하게 되는 정국이 형성되었다.

1800년 1월에 가순궁 박씨의 소생으로서 장차 순조가 되는 왕자 "공㼗" 을 11세에 왕세자로 책봉하였으며, 4개월후에 "오회연교五晦筵敎" 에서 노론벽파에게 강력한 선전포고를 하였다.

정조는 노론이 사도세자를 죽음에 이르게 한 잘못을 받아들이지 않는다면 노론벽파를 숙청하고 남인들을 대거 등용할 것이라는 하교下敎를 내렸다. 그런데 이러한 오회연교五晦筵敎가 있은 지 얼마 안 되어서 갑자기 종기와 화병이 발병하여 의원의 진료를 받던 중에 증세가 급격히 악화되어 의문의 승하를 하였다.

조선왕조의 역대 임금들 중에서 문·무를 겸비하였던 뛰어난 성군이었던 정조가 조선의 르네상스 시대를 제대로 꽃피우

정조묘

지 못한 채 49세라는 젊은 나이로 승하한 이후 조선의 국력이 급격히 쇠퇴하게 되었으며 새로운 세상을 꿈꾸었던 그의 개혁 정신이 우리사회에 널리 전파되기를 기원한다.

좌절된 꿈

순조

순조는 1790년 창경궁 집복헌에서 정조와 가순궁 박씨 사이에 출생하였다.

태어난 지 얼마 되지 않아서 원자로 책봉 받게 되지만, 왕세자로 책봉 받게 된 것은 11세가 되는 1800년 2월인데, 정조가 승하하기 불과 4개월 전의 일이었다.

왕세자로 책봉 된지 불과 4개월여 만에 정조의 의문의 승하로 7월에 창덕궁 인정전에서 즉위하였다.

어린 나이에 왕위를 계승하였기 때문에 왕실의 법도에 따라 정조의 정적이요. 동시에 순조의 증조모가 되는 정순왕후가 수렴청정을 하였다.

그런데 순조가 즉위한 이듬해인 1801년에 신유사옥이 발생하였다. 이러한 신유사옥을 배후에서 주도한 장본인이 바로 정순왕후였는데 겉으로 내세운 명분은 천주교 탄압이라고 하지만, 그 이면에는 당시 정조의 개혁정책을 지지하였던 남인계 세력들의 제거였다고 할 수 있으며, 이가환을 비롯하여 권철신, 정약전, 정약종, 정약용 형제를 포함하여 많은 학자들이 참화를 당하였다.

14세가 되는 1803년 말에 정순왕후가 수렴청정을 중단하면

순조 인릉

서 친정親政을 실시하였다. 1808년 김재찬의 보필을 받아서 실무관원과의 접촉, 암행어사 파견, 만기요람 편찬, 국왕 친위부대 강화, 하급친위관료 육성을 시행하는 등 여러 가지 개혁정책을 추진하였으며, 이러한 것을 바탕으로 하여 국왕의 권한을 강화하려고 노력하였다.

그러나 처가의 세력인 안동김씨의 커다란 영향력과 건강이 좋지 않아서 개혁정책을 지속적으로 추진하지 못한데다가 1809년의 대기근, 1811년 홍경래의 난을 겪으면서 국정의 주도권을 안동김씨 세력들이 차지하면서 본격적인 세도정치가

순조묘

시작된다.

그러한 가운데서도 순조에게 유일한 희망은 효명세자에게
모든 정치적 희망을 걸면서 19세에 대리청정代理廳政을 맡기면서
일종의 국왕이 되기 위한 철저한 훈련을 시켰다. 이러한 부왕
의 기대를 저버리지 않고 효명세자가 국사를 무난하게 처리하
였는데, 1830년 병이 나서 22세의 젊은 나이로 급서하였다. 효
명세자가 급서한 1830년에 창덕궁에 대화재가 일어나 많은 전
각들이 소실되었다.

효명세자를 통하여 정치적 희망을 걸었던 순조는 그가 뜻밖
에 일찍 죽으면서 좌절하게 되었고, 마침내 1834년 11월 13일
경희궁 회상전에서 부스럼의 악화로 인하여 45세에 승하하였
다.

대한제국 초대 황제

고종

　고종황제는 긍정적인 면과 부정적인 면이 극과 극을 이룬 측면이 있다고 볼 수 있는데, 공교롭게도 등극할 때는 조선왕조의 왕이었는데, 붕어할 당시에는 대한제국 황제였으므로, 참으로 특이한 삶을 살았다고 볼 수 있다.

　1392년 7월 17일 개경 수창궁에서 태조 이성계에 의하여 건국된 조선왕조는 엄밀히 말하여 1897년 고종황제가 국호를 대한제국으로 반포하면서 그 506년의 장구한 왕조의 역사는 막을 내렸다.

　그 이후부터는 새로운 국호인 대한제국으로 변모하게 되는데, 이러한 대한제국의 역사가 크게 빛을 보지 못하고 불과 13년 만에 그 대단원의 막을 내린다.

고종황제는 13년밖에 유지를 못한 대한제국 흥망성쇠의 중심에 있었던 것이며, 한마디로 대한제국을 논하는데 있어서 고종황제가 없는 역사는 아무런 의미가 없다고 할 정도로 대한제국에서 그가 차지하는 비중은 가히 절대적이라 할 수 있다.

그러한 고종황제가 69세로 덕수궁 함녕전에서 붕어하기 까지 어떤 행적을 남겼는가를 고찰하는 것도 의미 있는 일이라고 본다.

고종과 왕세자

고종황제는 1852년 운현궁에서 흥원대원군의 아들로 출생하여 12세가 되는 1863년 26대 임금으로 즉위하였다.

10년 동안 흥선대원군의 섭정攝政으로 인하여 국왕으로서의 역할을 거의 하지 못하다가 1873년 흥선대원군이 섭정에서 물러나면서 친정親政을 실시하였다.

1882년 임오군란, 1884년 갑신정변, 1894년 갑오혁명에 이어서 1895년에 명성황후가 일제에 의해 시해된 을미시해가 발생하였다. 1897년 10월 12일 현재의 조선호텔에 위치하고 있는 원구단에서 하늘에 제祭를 올리고 대한제국을 대내외적으로 반포하였다.

1905년의 을사늑약은 고종황제가 헤이그 특사사건으로 강제퇴위 당하기 2년 전에 있었던 불행한 사건이었는데, 이러한 을사늑약으로 인하여 외교권을 박탈당하면서 사실상 이때부터 일제의 지배가 시작되었다.

고종

그러나 고종황제는 을사늑약에 서명한 적이 없으며, 일제가 이토 히로부미를 중심으로 고종황제를 위협하면서 강제로 체결하였다.

을사늑약 이후 극비리에 외국의 황제들에게 무효로 하여 줄 것을 호소하기도 하였다.

마침내 1907년 네덜란드 헤이그에서 열리는 만국평화회의 소식을 알게 되어 이준, 이상설, 이위종을 특사로 파견하여 전 세계에 을사늑약의 부당함을 호소하였지만, 일제의 방해와 참가국들의 소극적인 태도로 결국 실패로 끝났으며 이 사건의 결과로 특사중의 일원이었던 이준열사는 순국하고 고종황제는 일제로부터 강제퇴위를 당하고 만다.

헤이그 특사사건이 일어난 지 3년이 지나서 대한제국의 국권이 일제에게 넘어가는 경술국치가 일어났으며, 고종황제는 1907년부터 붕어하기 전까지 덕수궁 함녕전에서 사실상 유폐되어 고난의 세월을 보냈다. 그렇지만 일제가 아무리 고종황제를 위협하여도 거기에 굴할 황제가 아니었다.

여기서 두 가지 중요한 계획이 추진되었는데, 하나는 고종황제가 북경으로 망명하여 그곳에 망명정부를 수립하는 것과 다른 하나는 파리강화회의에 의친왕과 하란사를 파견하여 일제침략의 부당성을 전세계에 호소하는 것이었다.

그러나 이런 계획이 실현되기도 전에 일제가 사전에 알게 되었으며, 결국 1919년 1월 21일 덕수궁 함녕전에서 일제의 사주를 받은 궁중전의가 독약을 탄 식혜를 마신 이후 68세에 붕어하였다. 이상과 같이 고종황제가 68세로 붕어하기까지 그 생애를 간략히 정리하였는데, 특히 국권회복을 위하여 일제에 끝까지 저항하였던 그 항일정신은 재조명되어야 할 것이다.

홍릉 고종묘

대한제국 마지막 황제

순종

대한제국 마지막 황제인 순종황제는 1874년 2월 창덕궁 수강재에서 고종황제와 명성황후 사이에 차남으로 출생하였다.

1875년 왕세자로 책봉된 이후 9세가 되는 1882년 여은부원군 민태호의 딸인 순명황후와 가례를 올렸다.

1897년 10월 12일 고종황제가 원구단에서 하늘에 제사를 올린 이후 국호를 대한제국으로 반포하면서 새로운 시대가 열렸으며 왕세자의 신분이던 그도 황태자로 격상되었다. 1898년 당시 고종황제와 함께 아편이 들어간 커피를 마신 휴유증으로 건강이 나빠지게 된 불행한 사건이 일어났다. 그러나 을사늑

약이 체결되기 바로 전해인 1904년 순명황후가 승하하는 안타
까운 일이 일어났다.

1906년 윤택영의 딸을 계비로 간택하니 대한제국 마지막
황후인 순정황후였다. 1907년 헤이그 특사 사건으로 인하여
고종황제가 일제에 의하여 강제로 퇴위당하면서 대한제국의
황제로 즉위하였고, 연호를 광무光武에서 융희隆熙로 변경하였다.
또한 동생인 영친왕을 황태자로 책봉하였고, 거처를 덕수궁에
서 창덕궁으로 옮겼다. 그렇지만 이러한 황위를 계승한지 불
과 3년 지나서 일제로부터 국권을 빼앗겼다. 결국 경술국치로
인하여 대한제국의 역사가 13년 만에 막을 내렸으며, 부황父皇

순종묘

인 고종황제가 1919년 1월 21일 덕수궁 함녕전에서 68세로 붕어하였으며, 그로부터 7년 후인 1926년 4월 25일 순종황제도 창덕궁 흥복헌興福軒에서 53세로 붕어하였다.

2

———

왕족

이루지 못한 꿈

소현세자

강물이 끊임없이 흐르는 것처럼 역사라는 도도한 물줄기도 잠시도 멈추지 않고 하염없이 흐르고 있다. 세계적인 역사학자인 E. H. Car가 역사란 "과거와 현재의 대화"라는 의미심장한 명언을 남긴 것은 이미 널리 알려진 사실인데, 역사란 단지 과거에 있었던 흔적이 아니라 그 역사는 오늘날에도 살아 꿈틀거려서 계속 우리의 삶에 영향을 주고 있는 것이다.

그런 의미에서 역사라는 하나의 거울을 통하여 현재의 우리 모습을 진단할 수 있으며, 그러한 진단을 통하여 미래를 전망할 수 있다. 이러한 역사의 교훈을 소현세자를 통하여 재조명하려고 한다. 한 나라의 왕세자로서 뒤주 속에서 죽음을 당한 사도세자와 더불어 낯선 이국異國땅 심양瀋陽에서 8년간 볼모로 있다가 귀국한지 두 달 만에 의문의 죽음을 당한 소현세자도 비운의 왕세자이었다.

소현세자가 의문의 죽음을 당할 때가 34세라는 젊은 나이였는데, 청나라의 선진문물에 깊은 관심을 보였으며, 개혁적인 성향이 강하였던 소현세자가 왕위를 계승하였다면 당시 조선의 역사는 새로운 전환점을 맞이하였을 것으로 보기에 그의

소경원 – 소현세자묘

갑작스런 죽음에 아쉬움을 금할 수 없는 것이다. 그렇다면 소현세자가 청나라에 8년 동안 볼모로 가게 된 계기가 되었던 병자호란이 일어나게 된 시대적 배경에 대하여 알아보기로 하겠다.

여기서 병자호란을 논하기 전에 하나의 전주곡前奏曲이라 할 수 있는 정묘호란을 언급하지 않을 수 없는데, 정묘호란은 1627년 당시 청의 전신인 후금後金이 조선을 침략한 것이며, 이때 인조는 강화도로 피신하고 소현세자는 전주로 피신하는 위기상황이 초래되었으며, 결국은 후금後金과 조선이 형제관계가 되면서 후금後金의 군사들은 철수하였다.

그런데 그로부터 9년 후가 되는 1636년 이러한 후금後金이 국호를 청나라로 바꾸면서 스스로 황제국으로 선포하는 큰 변화가 생기며, 자연히 이러한 변화는 조선에도 그 영향을 미쳤으며, 기존의 형제관계兄弟關係에서 군신관계君臣關係로 격상格上하자는 것이며, 이와 더불어 조선이 청나라 황제의 권위를 인정하라는 것이었다.

그러나 이러한 청나라의 요구에 대하여 당시 조선의 조정은 청나라의 요구를 수용하자는 주화파主和派와 청나라를 공격하자는 척화파斥和派의 의견으로 대립하게 되며, 인조는 이러한 상황에서 결국 척화파斥和派의 손을 들어주게 되며, 결국 이것이 하나의 불씨가 되어서 1636년 12월 청나라 태종이 직접 10만의 대군을 이끌고 조선을 침략하였다.

이후 전광석화電光石火같이 압록강을 건넌지 얼마 안되어 한양 근접까지 침공하게 되는 급박한 상황이 되었는데, 왕족들은 대부분 강화도로 피신하였으며, 인조와 소현세자를 비롯한 대신들도 원래는 강화도로 피신하려고 하였지만 청나라 군사들이 그 길목을 차단하여 불가피하게 남한산성으로 피신하게 되었는데, 1637년 1월 인조가 청나라의 황제 앞에서 절을 하는 치욕을 겪게 되었다.

그런데 문제는 국왕이 청나라 황제에게 절을 하는 것도 수치인데, 병자호란은 이것으로 끝나지 않았다. 당시 소현세자를 비롯하여 봉림대군이 청나라의 볼모가 되어 심양瀋陽으로 끌려갔으며, 더불어 수많은 백성들이 포로로 끌려가는 비극이 발생하였다.

소현세자는 심양瀋陽에 머물면서 선진문물을 수용하고 외교관의 역할을 충실히 수행하였는데, 특히 그가 당시 예수회 선교사로 활동하고 있던 아담 샬 신부를 만난점은 그의 인생에 새로운 전환점이었다.

소현세자는 귀국하기 1년 전인 1644년 북경에서 아담 샬 신부를 처음으로 만났는데 그를 통하여 서양과학과 천주교를 접

할 수 있었으며, 특히 천주교에 대하여 흥미를 보였다.

8년 동안의 볼모생활을 마치고 마침내 1645년 2월 귀국하였는데, 천주교 서적과 성물을 가져 왔을 뿐만 아니라 중국인 신자들까지 데리고 왔다는 것을 통하여 볼 때 소현세자가 천주교에 대하여 깊은 관심을 보였다는 것을 미루어 짐작할 수 있다. 그런데 소현세자가 귀국한지 불과 2개월 후에 34세의 젊은 나이로 의문을 죽음을 당하는 사건이 발생하였다.

끝으로 청나라에서 경험한 선진문물들을 바탕으로 조선을 부국강병富國强兵의 국가로 만들고자 하였던 소현세자의 꿈이 좌절된 것을 비통하게 생각하며, 우리사회에 그의 생애가 널리 전해지기를 기원한다.

비련의 왕비

인현왕후

　조선왕조 역대 왕비들 중에서 가장 관심이 많은 왕비가 여기에 등장하는 인현왕후인데, 15세에 왕비로 책봉된 이후 장희빈과의 갈등으로 인하여 결국 폐위가 되었던 불행한 왕비라고 할 수 있다.

　이제 본격적으로 인현왕후는 이 땅에 어떤 발자취를 남긴 왕비였는지 살펴보기로 하자.

　인현왕후는 1667년 여양부원군 민유중과 은진 송씨 사이에서 출생하였으며 15세에 숙종의 계비로 간택되었다.

　그러나 인현왕후가 몇 년이 되도록 원자가 없는데 반하여 남인의 지지를 받고 있던 장희빈이 원자를 소생하면서 상황은 급변하였다.

원자가 세 살때 왕세자로 책봉되면서 당시 서인의 지지를 받고 있던 인현왕후가 폐위되고 후궁인 장희빈이 왕비가 되는 초유의 사태가 발생하였다.

이렇게 되면서 장희빈의 지지기반이라 할 수 있는 남인의 세상으로 바뀌었으며 몇 년이 지난 이후 남인의 세력이 커진 것을 경계한 숙종이 민암의 사건을 계기로 남인세력을 숙청하고 인현왕후 복위라는 결단을 내렸다.

명릉– 인현왕후묘

한 나라의 국모라는 지엄한 신분으로서 소생이 없어서 폐위라는 수모를 겪은 이후 복위가 되었는데, 국모를 떠나서 한 여인의 삶으로 볼 때도 불행하였다.

그러나 이러한 우여곡절 속에 왕비로 복위되었지만 그로부터 7년 동안 소생을 두지 못하고 결국 35세에 비운의 삶을 마쳤다.

한편 인현왕후가 비운의 승하를 한 이후 어느 궁녀가 인현왕후를 주인공으로 하여 『인현왕후전』을 남겼는데, 전하는 바에 의하면 인현왕후가 생전에 매우 정숙하고 인자하였다고 하는데, 인현왕후라는 존호 자체에서 인자하고 자애로운 어머니의 모습을 느끼게 된다.

끝으로 국모의 품위를 간직하였으나 끝내 원자를 소생하지 못하고 승하한 비운의 국모 "인현왕후"를 애통한 심정으로 추모한다.

비극적 생애

사도세자

영조에게는 원래 장남 효장세자가 있었지만, 어려서 임종하여 그 뒤를 이어서 차남이 왕세자로 책봉되었다.

그렇다면 한 나라의 왕세자로서 뒤주 속에서 죽을 수밖에 없었던 사도세자는 어떠한 인물이었는지 그 비극적 생애를 뒤돌아보기로 하자.

사도세자는 1735년 영조와 영빈이씨 사이에 차남으로 창경궁 집복헌에서 출생하였으며 그 이듬해인 1736년 왕세자로 책봉되었으며 10세가 되는 1744년 영의정 홍봉한의 딸과 가례를 올렸다.

어린 시절부터 총명하였던 사도세자는 15세부터 대리청청ᵗ 理廳政을 하였지만 영조와 경종의 승하와 관련된 입장차이로 인하여 보이지 않는 갈등을 겪었다.

그러다가 1762년 5월 22일 나경언의 역모고변 사건이 터졌는데 그것은 사도세자가 1761년 봄에 3개월 동안 평안도를 여행하였다는 것인데, 이 부분이 크게 문제시된 것은 단순한 유람정도가 아닌 군사적인 측면이 강하였다는 점이었으며, 이를 쿠데타 준비를 위한 것으로 보았다.

이러한 점과 더불어 나경언은 사도세자의 그동안의 비행 10가지를 나열하였는데, 그중의 일부는 영조의 후궁인 박씨를

사도세자묘

죽이고, 관서지방으로 유람을 다니고 또한 궁에 여승이나 기생들을 끌어 들였다는 것이다.

그래서 이러한 내용을 확인한 영조가 진노하여 사도세자에게 자결을 명하였는데, 바로 자결하지 않자 강제로 군사들을 동원하여 결국 뒤주 속에 가두어 1주일이 지난 후에 숨을 거두었다.

어린 시절 총명하였으며, 10년 넘게 대리청정代理廳政을 하였던 사도세자가 영조와의 갈등으로 당쟁의 희생양이 되면서 뒤주 속에서 불행한 죽음을 맞이하였지만 그의 아들이 왕위를 계승하여 문,무를 겸비한 성군聖君이 되었던 점과 더불어 1899년 고종황제에 의하여 장조莊祖로 추존追尊된 것은 역사적 의미가 크다고 볼 수 있다.

신유사옥의 배후

정순왕후

정순왕후는 1745년 김한구의 딸로 출생하였으며 1759년 15세에 영조의 계비繼妃로 간택되면서 파란만장하였던 궁중생활을 시작하였다.

정조가 1752년생이기에 정순왕후가 7세 연상이라 할 수 있으며 특히 친정이 사도세자의 죽음에 깊이 관련되었던 노론벽파라는 점인데, 정조가 즉위한 이후에 사도세자의 죽음과 관련하여 책임을 물을 때 친정오빠가 되는 김귀주가 흑산도로 유배를 갔는데, 이러한 처벌로 인하여 정조와 정순왕후의 관계가 더욱 멀어졌다.

노론벽파와 관련하여 사도세자가 참화를 입은 임오화변^{任午禍}^孌 당시 같은 노론중에서 사도세자의 죽음을 지지한 세력을 벽파라 하고 그와 정반대로 죽음을 반대한 세력을 시파라 하였는데 정순왕후의 친정은 벽파에 해당하였다.

여기서 정순왕후의 생애와 밀접한 관련을 맺고 있는 신유사옥에 대하여 언급하려고 한다.

신유사옥은 정조가 승하한 이듬해인 1801년 12세에 즉위한 순조를 대신하여 수렴청정을 하게 된 정순왕후의 지시로 오가작통법^{五家作統法}을 실시하면서 본격적인 탄압이 시작되었는데 이러한 오가작통법^{五家作統法}은 사실상 천주교도를 탄압하기 위한 법이었다.

정순왕후묘

이러한 신유사옥으로 인하여 당대 최고의 학자로 알려졌던 이가환을 비롯하여 권철신이 옥사를 당한 것을 비롯하여 이승훈, 정약종을 포함한 6인은 서소문 밖에서 참수를 당하였으며, 더불어 정약전, 정약용 형제는 유배형에 처했으니, 결국 이 사건으로 인하여 천주교도 100명 이상이 처형을 당하고 수백 명이 유배를 갔다.

사실 신유사옥에 천주교도들이 많은 화를 입었지만 종교적인 의미보다는 정

치적인 의미가 강하다고 볼 수 있는데, 여기에는 정순왕후가 정조시대에 귀양갔던 친정오빠에 대한 개인적인 원한과 더불어 당시 집권세력이었던 노론벽파가 남인이 중심이 된 시파를 제거하기 위한 음모가 반영되었다고 볼 수 있으니 여기서 천주교도 색출은 노론에게 남인계 학자들을 일망타진하기 위한 하나의 명분을 준 것으로 볼 수 있다.

어느 덧 신유사옥이 일어난 지도 200년의 역사가 흘렀지만 당시의 순간이 참으로 안타까웠던 점은 이 사건으로 인하여 당시 조선의 동량棟梁이라 할 수 있었던 뛰어난 선비들이 처형당하거나 유배를 당하면서 정조시대 이후 가능성이 보였던 조선이 발전할 수 있는 중요한 기회를 잃었다는 점이다.

그런 관점에서 볼 때 신유사옥을 일으킴으로써 정순왕후를

비롯한 노론은 당시 남인계 학자들을 대부분 숙청하는 효과를 얻었지만 정조대에 양성된 탁월한 인재들이 이 사건으로 인하여 제대로 빛을 보지 못하고 참화를 입은 점을 안타깝게 생각한다.

이러한 신유사옥의 배후라 할 수 있는 정순왕후는 1803년에 수렴청정을 거두고 순조의 친정이 시작되었으며 마침내 1805년 61세를 일기로 임종하였다.

마지막 불꽃

효명세자

조선의 르네상스를 꿈꾸었던 정조가 그 원대한 포부를 완성하지 못한 채 1800년에 승하한지 9년 후에 그의 손자가 태어났는데 그가 바로 효명세자였다.

조선왕조 500년 역사 속에서 많은 왕세자가 책봉되었지만, 그중 가장 관심을 가지고 있는 3명의 왕세자가 있는데 시대순으로 소현세자, 사도세자, 효명세자인데 공통점을 찾는다면 영특한 재능을 가지고 있음에도 불구하고 웅대한 꿈을 제대로 한번 펼쳐보지도 못한 채 임종하였다는 점이다.

생전에 조부인 정조를 흠모하며 그의 개혁정신을 계승하고

자 하였던 효명세자는 이 땅에 어떤 흔적을 남겼는지 더듬어 보자.

효명세자는 1809년 순조와 순원왕후 사이에 출생하였으며, 1812년 왕세자로 책봉되었으며 이후 1819년 조만영의 딸과 가례를 올렸는데 헌종의 생모이면서 흔히 조대비로 불려 졌던 신정왕후였다.

순조가 효명세자에게 거는 기대는 대단하였는데 자신이 제대로 이루지 못한 왕권강화와 부국강병의 꿈을 효명세자가 완성하여 주기를 바랐으며 이러한 뜻은 정조의 유지이기도 하였

수릉 – 효명세자묘

다. 이러한 부왕의 기대에 부응하여 그는 임종하기 3년전인 1827년에 이미 대리청정代理廳政을 수행할 정도의 뛰어난 능력을 가진 왕세자로 성장하고 있었다.

그러나 조부의 유지를 받들고 부왕의 이루지 못한 꿈을 이루고자 혼신의 노력을 기울였던 효명세자가 불과 22세라는 젊은 나이에 원인을 알 수 없는 병으로 급서急逝하였다. 효명세자를 통하여 처가인 안동김씨 세력을 견제하고 실추된 왕권을 회복하려고 시도하였던 순조의 꿈이 뜻밖의 효명세자의 임종으로 실현되지 못하였다.

정조가 의문의 승하를 당한 이후 효명세자가 정상적으로 왕위를 계승하였다면 조선은 부국강병의 역사를 이룩할 수 있었다고 본다. 그것은 효명세자가 조부인 정조의 뒤를 이은 성군聖君이 될 수 있는 능력이 충분하였기 때문인데, 그런 의미에서 조선의 마지막 불꽃이었던 효명세자가 젊은 나이에 임종한 점이 애석하게 생각되는 것이다.

선각자

순헌황귀비

대한제국 시대에 여성교육에 남다른 관심을 표명하였을 뿐만 아니라 이를 직접 행동으로 보여 주었던 순헌황귀비는 어떤 여성이었는지 그 발자취를 거슬러 올라가기로 하자.

순헌황귀비는 1854년 서울에서 엄진삼의 2남 3녀중 장녀로 출생하였는데, 6세 때 입궁하여 궁녀가 되었으며, 결국 명성황후를 최측근에서 보필하는 지밀상궁까지 이르렀으며, 1886년 승은承恩을 입게 되었는데 그러한 사실을 알게 된 명성황후로부터 견제를 받아서 궁에서 쫓겨났다가 1895년 을미시해乙未弒害 이후 불과 5일만에 고종황제의 명에 의하여 다시 입궁하였다.

그런 관점에서 볼 때 을미시해는 한 나라의 국모가 일제로부터 시해를 당한 천인공노할 사건이었으나 공교롭게도 이 사건으로 인하여 명성황후에 의하여 쫓겨났던 순헌황귀비가 다시 궁에 들어오는 계기가 되었다.

그런데 고종황제의 부름을 받고 다시 궁에 들어온 그 이듬해인 1896년 커다란 분수령이 되었던 사건이 일어났는데, 그것은 아관파천我館播遷이었다.

이와 관련하여 아관파천我館播遷은 을미시해 이후 일제로 부터 늘 신변의 위협을 느꼈던 고종황제와 황태자를 순헌황귀비가 러시아 공사관으로 피신을 시킨 것인데, 당시 극비리에 가마를 타고 러시아 공사관으로 이어移御하는데 성공하였다.

이렇게 고종황제가 러시아 공사관에 머물면서 당시 조정은 친러내각이 출범하였으며, 이로부터 1년간 머물게 되는데, 여기서 대한제국의 마지막 황태자였던 영친왕이 출생하였다.

그래서 고종황제와 황태자를 러시아 공사관으로 이어移御하게 한 점과 더불어 영친왕을 출산한 공로를 크게 인정받아 1897년 귀인으로 봉작되고 1900년 귀인에서 순빈으로 승격되었는데 당시 내명부 관례로 볼 때 참으로 파격적인 조치였다.

이와 더불어 1901년 순빈에서 순비로 책봉되었으며, 마침내 1903년 후궁 중에서 최고의 예우라 할 수 있는 황귀비에 책봉되었는데, 사실상 황후 수준에 버금가는 예우라 할 수 있으므로 당시 순헌황귀비에 대한 고종황제의 총애는 대단하였다.

이렇게 승승장구하던 차에 큰 시련이 닥쳐오는데, 1904년 러일전쟁에서 승리한 일본이 승리의 여세를 몰아서 대한제국을 서서히 압박하기 시작하더니 결국은 그 이듬해인 1905년 을사늑약에 의하여 외교권이 박탈되는 사태까지 이르고 말았다.

이러한 을사늑약으로 인하여 통감부가 설치되었으며 초대 통감으로 이토 히로부미가 부임하였는데, 일제는 여기서 그치지 않고 황실재산을 국유화시키려는 음모를 꾸몄다.

영휘원-순헌황귀비묘

제실재산정리국帝室財産整理局을 신설하여 황실의 재산을 국유화하려는 음모를 꾸몄으며, 이러한 일제의 간계奸計를 간파한 순헌황귀비가 일대결단을 내렸는데 그동안 축적한 막대한 재산을 여성교육에 투자하기로 결심하였다.

1906년 4월 창성궁昌盛宮을 하사하여 진명여학교進明女學校를 설립하고 5월에는 용동궁龍洞宮을 하사하여 명신여학교明新女學校를 설립하였을 뿐만 아니라 두 학교를 설립하는데 있어서 필요한 모든 경비를 지원하였던 것인데, 여기서 진명여학교는 당시 황실이 최초로 설립한 여학교였다.

이러한 학교를 설립하기 전해인 1905년에는 친정조카인 엄주익이 양정의숙養正義塾을 설립하였는데, 여기에도 많은 재산을 지원하였다.

그러나 여성교육에 대하여 남다른 집념을 보였던 순헌황귀비가 학교를 설립한지 불과 5년밖에 안된 1911년에 1907년 일본에 볼모로 끌려간 영친왕의 일본생활을 담은 슬라이드를 보는 중에 주먹밥을 먹는 모습에 큰 충격을 받는 일이 발생하였다.

그 이후 건강이 급격히 악화되어 결국 덕수궁德壽宮 즉조당卽祚堂에서 향년 58세를 일기로 장티푸스로 임종하였다.

이상과 같이 순헌황귀비의 파란만장한 생애를 살펴보았는데, 평민출신으로 출생하여 6세에 입궁한 것을 시작으로 명성황후의 지밀상궁에 이어서 58세에 황귀비로서 임종하기 까지 참으로 우여곡절이 많았음을 엿볼 수 있었다.

　특히 황후에 준하는 황귀비라는 고귀한 신분으로서 대부분의 재산을 여성교육을 위한 학교설립에 투자한 선견지명先見之明에 경의를 표하지 않을 수 없다.

　이러한 순헌황귀비의 선각자적인 정신은 오늘날 창학創學 107주년을 맞은 숙명여대로 이어지고 있다.

최후의 국모

순정황후

　오랫동안 대한제국 황실의 역사에 대하여 깊은 관심을 가졌지만 순정황후에 대하여는 흔히 알려진 기본적인 사실이외에 별로 아는 것이 없었다.

　해방 이후 숙명여대 이사장을 역임하였던 창석 윤홍섭의 행적을 추적하는 과정에서 순정황후가 윤홍섭의 누이동생이라는 사실을 처음 알게 되었고, 특히 윤홍섭을 통하여 당시 10만 원이라는 거금을 해공 신익희에게 전달하였다는 놀라운 사실을 발견한 것이 하나의 계기가 되어 본격적으로 순정황후에 대하여 추적하게 되었다.

순정황후

이제 대한제국 최후의 국모였던 순정황후가 이 땅에 어떤 발자취를 남겼는지 살펴보기로 하자.

순정황후는 1894년 서울에서 해평부원군 윤택영의 딸로 출생하였는데, 1894년은 동학혁명이 일어난 해였다.

1906년 황태자비로 간택되었으며, 그 이듬해인 1907년 헤이그특사 사건으로 인하여 결국 고종황제가 강제로 퇴위되고 황태자가 황위를 계승하였는데 곧 대한제국 마지막 황제인 순종황제였다.

그러나 황태자비에서 황후의 자리에 오르게 되었지만 경술국치로 인하여 대한제국이 국권을 잃으면서 실질적으로 황후의 재위 기간이 불과 3년밖에 되지 않았다.

이와 관련하여 경술국치 당시 17세라는 어린 나이에 병풍 뒤에서 몰래 어전회의를 듣다가 옥새를 치마폭에 감추었다는 일화가 전해지는데, 당시의 급박한 상황에서 그런 대담한 행동을 할 수 있었다는 사실을 통하여 볼 때 과연 국모는 어딘가 다르다는 생각이 들었다.

그렇게 해서라도 옥새를 지키고자 하였던 순정황후이었지만 백부(伯父)인 윤덕영에게 강제로 빼앗겼다.

1919년 1월 21일 고종황제가 덕수궁 함녕전에서 통한의 붕어를 하며 그로부터 7년 뒤인 1926년 4월 26일 대한제국 마지막 황제 순종황제도 붕어하게 되면서 황실의 상징적인 구심점이 되

순정황후

었다.

황태자비로 간택되었을 당시 순종황제와 20년 차이였는데, 안타깝게도 후손을 두지 못하였다.

그렇지만 국모로서의 체통과 품위를 결코 잃지 않았으며, 순종황제가 붕어한 이후 본래 처소인 대조전에서 낙선재로 거처를 옮겼다.

그런데 순정황후에게 고난의 시기가 다가 왔는데 동족상쟁의 비극인 6·25 전쟁이 발생하면서 시작되었다.

김명길 상궁의 저술인 "낙선재 주변樂善齋 周邊"의 일부를 소개하면 낙선재에서 미처 피난을 하지 못한 상태에서 인민군이 들어와서 결국은 5일 만에 떠나게 되었지만 다행스럽게도 고종황제의 형수가 되는 흥친왕비興親王妃가 보낸 궁녀의 안내를 받아서 운현궁으로 이어移御하게 되며, 1.4후퇴 때 미군부대의 도움으로 부산에서 피난생활을 하였다.

6·25 전쟁 당시 아무리 급박한 상황이었다고 해도 이승만 정부는 부산으로 피난가면서 비록 대한제국이 없어졌다고는 하지만 그래도 한 나라의 국모였는데 당연히 순정황후도 모셔갔어야 한다고 보는데 정부는 그렇게 하지 않았다.

이와 더불어 휴전이후 부산에서 환도還都한 이후 당연히 낙선재로 환궁還宮하는 것이 합당한 처사이거늘 당시 이승만 전

대통령이 낙선재가 국가의 소유라는 논리를 내세워 순정황후를 정릉 인수재仁壽齋로 이어移御하게 한 점은 한 나라의 국모였던 분에 대한 정중한 예우가 아니었다고 생각한다.

결국 순정황후는 인수재仁壽齋에서 7년 동안 인고忍苦의 세월을 보낸 뒤에 4·19 혁명으로 자유당 정권이 몰락하면서 낙선재로 환궁還宮하였지만 6년 뒤인 1966년 2월 3일 낙선재에서 향년 73세로 붕어하였다.

이상과 같이 순정황후의 73년에 걸친 파란만장한 생애를 정리하였는데, 특히 윤홍섭을 통하여 신익희에게 당시 거금인 10만원을 전달하여 이 자금이 상해임정수립 준비자금으로 사용된 점과 더불어 1944년 윤홍섭을 통하여 동경에 머무르고 있는 영친왕에게 대한제국 황태자 선언을 권고한 점은 대한제국 최후의 국모로서 국권회복에 대한 확고한 의지를 보여준 것으로 높이 평가하지 않을 수 없다.

끝으로 대한제국의 마지막 국모인 순정황후를 애절한 심정으로 추모하면서 그동안 알려지지 않았던 행적이 우리사회에 널리 알려지기를 바라는 마음 간절하다.

비운의 황족

의친왕

고종황제의 아들로서 황족 중에서 항일정신이 가장 투철하였던 의친왕이 임종한지도 2015년이면 어느 덧 60주기가 된다.

그런 의미에서 79세로 생을 마치기까지 그 파란만장한 생애를 뒤돌아보기로 한다.

의친왕은 1877년 3월 30일 당시 한양 북부 순화방 사재감漢陽 北部 順化方 司宰監 상패개 자하동에 있었던 철종의 후궁 범숙의范淑儀 처소에서 출생하였는데 이곳이 현재 종로구 창성동 일대인 것을 확인하였다.

의친왕

　한편 장귀인이 의친왕을 출산한 것을 알게 된 명성황후에 의하여 의친왕은 생모인 장귀인과 함께 외가에서 어린 시절을 보냈다.

　의친왕의 외가는 덕수장씨 문중이며, 장귀인은 조선왕조 4 대 문장가의 일원－員인 계곡谿谷 장유張維의 후손이었다.

　유년시절과 관련하여 외삼촌으로 부터 학문을 지도받다가 15세가 되는 1891년 명성황후가 당시 왕세자이었던 순종황제 의 후사를 염려하여 의친왕을 다시 궁궐로 불러서 의화군義和君 의 책봉을 내렸다.

1893년 연안김씨 문중 김제남의 후손 김사준의 딸과 길례를 올렸다.

동학혁명이 일어난 1894년에 보빙대사報聘大使로 일본을 방문하였으며, 이듬해인 1895년에는 특파대사 자격으로 유럽 5개국을 순방하였다.

1897년 10월 12일 고종황제가 원구단에서 대한제국을 반포한 이후 1899년에 의친왕은 미국유학을 가게 되었으며, 이듬해인 1900년에 의친왕으로 진봉되었다.

5년 여에 걸친 유학생활을 통하여 서구문물에 대한 식견을 넓힐 수 있었는데, 당시 독립운동가로 유명한 도산 안창호와 우사 김규식과 교류가 있었다.

의친왕은 유학생활을 마치고 동경에 8개월을 체류한 뒤에 1906년 귀국하였다.

귀국 후 1906년 4월 대한제국 육군부장에 임명되었으며, 이어서 7월에는 대한적십자사 제 4대 총재에 취임하였다.

경술국치 전해인 1909년 거창에서 당시 전 승지 정태균의 집에 한달간 머물면서 장차 의병투쟁을 벌이는 기지를 구입하려고 우국청년들과 모의를 하다가 일경에 적발되어 뜻을 이루지 못하고 귀경하였다.

경술국치 이듬해인 1911년 봄에 의친왕과 의암 손병희가 우이동의 계곡에서 극비리에 밀담을 나누었다.

그러한 밀담이 있은 지 몇 개월이 지난 8월에 의암이 우이동 일대의 3만평 부지를 매입하였다.

이와 더불어 8월에 의친왕이 천도교에 정식으로 입교를 하였는데 의친왕과 의암의 첫 인연은 일본에서 이루어졌는데 의암의 높은 인격에 감화를 받아 사제師弟의 연을 맺었다.

한편 우이동 일대를 매입한 의암은 그 이듬해인 1912년에 봉황각이라는 천도교 수련시설을 만들었는데, 봉황각이야말로 의암이 3·1 운동의 밑그림을 구상하였던 유서 깊은 성지였다.

그리고 봉황각에서 3년에 걸쳐서 49일 수련회를 통하여 전국에 있는 천도교 각 지역의 지도자들을 교육시키면서 독립운동가를 양성하는 훈련을 하였다.

3·1 운동 당시 33인중에서 16명이 천도교인인데, 이 수련회에서 의암을 제외한 15인의 민족대표가 배출되었다.

의친왕은 1915년 신한혁명당에서 고종황제를 당수로 추대하고 북경으로 망명시키려고 할 때도 이 사건에 연루되었는데, 당시 장인 김사준이 이 사건으로 인하여 작위를 박탈당하고 투옥되었다.

1907년 헤이그 특사 사건으로 강제퇴위된 고종황제는 파리강화회의에 의친왕과 하란사를 파견하기로 하였으나 뜻을 이루기도 전에 사전에 정보를 입수한 일제에 의하여 독살되었다

하란사는 당시 국내에 있으면서 의친왕으로 부터 고종황제의 독살 소식을 듣고 이를 주위의 독립운동가들에게 알렸으며, 2월초에 북경에 가서 동포가 마련해준 환영만찬에서 먹은 음식이 잘못되어 결국은 사망하였는데, 당시 시신이 검게 되었다는 것으로 미루어 볼 때 독살당하였을 개연성이 크다고 본다.

이런 급박한 상황이 전개된 지 얼마 있다가 3・1운동이 일어났는데, 고종황제의 붕어가 하나의 계기가 되어 일어난 것이 아니라 의친왕과 의암의 밀담을 시작으로 7년 동안 조직적이고 체계적으로 준비하면서 결정적인 때를 기다리던 중, 드디어 고종황제의 국장이 하나의 명분이 되어 전국적으로 일어난 것이다.

여기서 한 가지 주목할 만한 사항이 있는데, 의암이 3.1운동 이후 33인과 함께 체포된 이후 일제측 재판기록의 일부인데, 당시 3.1운동이 발생하기 불과 며칠 전에 의암이 김상규에게 거금 6만원을 주었다는 점이다.

이 6만원은 현재를 기준으로 만원이 2억이라고 하니 12억이 되는 거금이었는데, 의암의 재판기록에서 이 돈의 사용처

를 상해임정수립 준비자금과 의친왕 해외망명 준비자금으로 사용한 것이 아니냐고 일제측이 물어볼 때 의암은 만주 안동현에서 좁쌀을 구입하는데 이용하였다고 진술하였다.

그런데 이 6만원은 의친왕의 외사촌 형이면서 의친왕부 무관으로 있던 장인근을 통하여 두 번에 걸쳐서 만주로 송금된 것이 확인되었다.

여기에서 의친왕의 심복이라 할 수 있는 장인근이 군자금을 송금하였다는 자체는 의친왕도 연관되었음을 배제할 수 없다.

아울러 3·1운동 당시 의친왕의 처소였던 사동궁寺洞宮이 독립선언서를 발표하였던 태화관의 건너편이라는 점과 더불어 독립선언서를 인쇄하였던 보성사도 사동궁寺洞宮과 그리 멀지 않은 거리에 위치한 것으로 미루어 볼 때 3·1운동과 의친왕과의 관련성을 시사한다고 볼 수 있다.

또한 조선총독부가 당시 본국에 보낸 전보에 의친왕이 의암의 체포소식에 낭패한 빛을 띠었다는 대목을 통하여 의친왕도 어떤 식으로든지 3·1운동과 관련이 있다고 보는 것인데, 현재 그것을 입증할 만한 결정적인 자료가 발견되지 않았다.

여기서 의친왕의 대표적인 독립운동이라 할 수 있는 대동단 사건에 대하여 언급하겠다.

대동단 사건의 핵심은 1919년 11월 의친왕을 대동단의 총재로 추대하여 상해로 망명을 시켜서 임정의 구심점으로 삼아 독립운동의 새로운 전기를 시도하려고 하였다는 것이다.

그런데 이러한 거사를 앞두고 의친왕이 신의주역에서 일제에 의하여 체포되어 경성으로 압송되어 조선총독의 별장인 녹천정綠泉亭에서 40일 동안 연금되었다가 다시 사동궁寺洞宮에서 일제의 감시를 받게 되었다.

이러한 의친왕의 항일운동의 흔적이 1920년대 초에도 발견되었는데 구체적으로 1921년 미국에서 조직된 대한민족대표단에서 11월 11일부터 워싱턴에서 열린 5대 열강회의에 대한 인민건의서를 제출하였는데 국내에서 서명한 372명의 명단 중에서 황족대표로서 의친왕이 서명한 것은 항일의지와 관련하여 상징적인 의미가 크다고 본다,

이와 같이 철저히 항일의식으로 무장된 의친왕을 일제가 드디어 1930년 6월 12일부로 은퇴를 시키면서 의친왕에서 이강李堈공公으로 격하시키며 강제로 일본 규슈九州에 머물게 한다.

이후 규수九州에서 정확히 언제 귀국하였는지 모르겠지만 해방이후 6·25 전쟁 당시 부산에서 피난생활을 하였으며, 마침내 1955년 8월 16일 향년 79세를 일기로 한 시대를 풍미하였던 파란만장한 생애를 마쳤다.

묻힌 황손

이해청

이해청의 아명兒名은 형길亨吉 황실명皇室名은 광鑛이며, 본문에 등장하는 해청海晴은 호적명戶籍名이라는 점을 밝혀둔다.

이해청은 1921년 사동궁寺洞宮에서 의친왕과 송은점 사이에 7남으로 출생하였으며, 6세에 남연군의 종가인 계동궁桂洞宮의 양자로 입적되었다.

경성유치원을 시작으로 서대문소학교, 경성중학교를 졸업한 이후 일본으로 가서 동경학습원을 졸업하고 이어서 동경제대 문학부 독어학과에 재학 중에 학병징집이 나왔지만 이를 과감하게 거부하고 고난의 길을 선택하였다.

당시 학병을 거부하였던 일부 귀족들의 자녀들과 함께 함경남도 원산에 위치한 철공장으로 강제징용을 당하였다.

그런데 강제징용과 관련하여 그동안 알려지지 않은 비화秘話가 있는데 당시 의친왕비의 친척 동생이 이해청과 함께 원산에 가서 철공장 근처에 방을 구하여 그가 일제의 탄압으로 신경쇠약이 걸려 경성으로 돌아오기 까지 돌보았다는 점이다.

한편 신경쇠약으로 인하여 경성으로 오게 된 이해청은 의친왕비와 함께 남연군의 묘소가 있는 덕산에서 요양을 하였으

계동궁터

며, 결국 의친왕비의 헌신적인 간호로 회복하였다.

1946년 9월 서울대 국문학과에 입학하여 1948년 8월 졸업한 이후 이화여고와 숙명여대에서 국어강사로 재직하였으며, 대한민국 관보에서 1952년 7월 19일부로 외무부 통상국 정책과 사무관으로 발령받은 사실을 공식적으로 확인함으로써 그가 황손들 중에서 최초로 외교관의 길을 걸으려고 했던 사실이 밝혀졌다.

그런데 재직한지 불과 한 달도 채 되지 않아서 8월 12일에 부산 신선대에서 수영을 하다가 심장마비로 임종하니 당시 32세의 젊은 나이였다.

이해청은 고종황제의 손자로 태어나서 학병징집을 거부하면서 황손의 당당한 기백을 보여 주었으며, 더불어 황실이 설립한 학교에서 강의를 하였을 뿐만 아니라 황손들 중에서 최초로 외교관으로 재직함으로써 대한제국을 대내외적으로 반포한 고종황제의 정신을 계승하였다.

그러나 웅대한 기상을 펼쳐 보이지 못하고 32세라는 젊은 나이에 임종한 것을 비통하게 생각하며, 60년 동안 역사 속에 묻힌 이해청의 행적이 재조명되기를 기원한다.

선교사

마태오 리치

마태오 리치하면 중국에 천주교를 전래한 선교사로서 천주실의天主實義를 저술하였으며, 그 책이 당시 조선의 남인 신서파信西派 학자들에게 큰 영향을 준 것으로 알려져 있다.

그렇다면 마태오 리치는 세상에 어떤 발자취를 남겼는지 구체적으로 살펴보기로 하겠다.

마태오 리치는 1552년 이탈리아에서 출생하여 1571년에 예수회에 입회한 이후 사제로 서품된 뒤 1583년 중국에 선교사로 파견되었으며, 천주교를 전파하는 과정에서 보유론補儒論의 논리를 가지고 당시 지식인들에게 접근하였다.

마테오 리치의 천주실의

보유론補儒論이란 유교와 천주교가 대립되는 관계가 아니라 천주교는 유교의 부족한 부분을 보충하여 준다는 논리였다.

사실 유교이념이 사회질서의 기본이 되는 중국사회에서 이질적異質的이라 할 수 있는 천주교가 도입된다는 것이 쉽지 않은 문제였는데, 그러한 난제難題를 보유론補儒論을 통하여 정면돌파하였으며, 이러한 논리를 구체적으로 제시한 저술이 천주실의天主實義였다.

천주실의天主實義는 1595년 남경에서 처음으로 저술하였으며, 그 이후 1601년에 북경에서도 출판되었으며 3년 뒤인 1604년에 재판再版이 간행될 만큼 당시 중국 사회에 선풍적인 반향을 일으켰던 책이었다.

이러한 천주실의天主實義의 핵심적인 내용은 원시유교原始儒敎에서 말하는 상제上帝가 바로 천주교의 하느님과 같은 존재라는 것인데 유교와 천주교의 유사성類似性을 언급함으로써 당시 중국 지식인층에게 효과적으로 전교할 수 있었다.

한편 마태오 리치의 합리적인 선교논리를 체계적으로 저술한 천주실의天主實義가 중국에만 영향을 준 것이 아니라 조선에도 영향을 주었으며 특히 조선천주교회의 선구자라 할 수 있는 광암 이벽이 천주교에 심취할 수 있었던 근본적인 계기를 준 책이 천주실의天主實義였다.

이러한 관점에서 본다면 마태오 리치는 조선의 천주교회가 태동胎動할 수 있는 사상적인 기반을 제공한 선각자였다고 평가할 수 있으며 1610년 북경에서 59세를 일기로 생애를 마쳤다.

문묘배향

박세채

1764년 영조의 명에 의하여 현석 박세채가 문묘에 배향되었는데 현석은 어떤 인물이었기에 문묘배향이라는 영예를 얻을 수 있었는지 알아보기로 하자.

현석은 반남 박씨 문중의 후예로서 1631년 한경 서부 양생방 창동에서 교리 박의와 상촌 신흠의 딸 사이에 출생하였다.

여기서 현석의 장인이 되는 상촌은 평산신씨 문중의 후예로서 관직은 영의정에 이르렀으며, 특히 조선왕조 4대 문장가의 일원-員으로서 문명을 떨쳤다.

1648년 진사시에 합격하지만 그로부터 2년 뒤인 1650년에 일어난 성혼과 이이의 문묘배향과 관련된 문제로 인하여 과거 시험 보는 것을 포기하였다.

그 이후 1650년부터 출사하게 되는 1659년까지 김상헌과 김집 문하에 들어가 수학하였다.

1659년 천거에 의하여 익위사세마翊衛司洗馬가 되었으며, 그 해 효종이 승하하면서 자혜대비慈惠大妃 복상문제가 일어났을 때 기년복朞年服을 주장하였다.

1674년 미촌 윤선거의 묘갈명 문제로 우암 송시열과 명재 윤증이 대립관계에 있을 때 이를 중재하는 역할을 하였다.

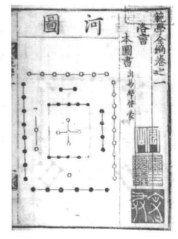

범학전편

이와 더불어 현종이 그 해 승하하고 숙종이 즉위하면서 서인정권이 남인정권으로 바뀌게 되었으며 특히 겨울에 일어난 2차 예송禮訟문제로 결국 관직을 삭탈당하고 유배생활을 하였다.

그러나 1680년 경신대출척庚申大黜陟으로 인하여 다시 정권이 남인에서 서인으로 바뀌면서 사헌부 집의로부터 시작하여 동부승지, 공조참판, 대사헌, 이조판서를 거쳐서 우참찬에 이르렀다.

1684년 윤선거 묘갈명과 관련하여 일어난 우암과 명재의 갈등이 노론과 소론의 대립으로 확대되었을 때 이를 중재하려고 노력하였으며 이 무렵에 황극탕평론皇極蕩平論을 주장하였지만 결국 소론의 입장을 지지하였다.

1689년 기사환국己巳換局으로 벼슬에서 물러나 1694년 갑술환국甲戌換局으로 다시 정계에 복귀하기 전까지 동유사우록東儒師友錄을 비롯하여 여러 가지 저술을 남겼다.

아울러 갑술환국甲戌換局으로 서인세력이 다시 집권하면서 우의정, 좌의정을 거치면서 결국 소론의 영수가 되었다.

비록 소론의 영수가 되기는 하였지만 탕평책을 주장하여 당쟁의 문제를 조정하는데 기여하였으며 이러한 시책은 영조, 정조가 탕평책을 추진할 수 있는 사상적 기반이 되기도

하였다.

또한 대동법의 실시를 강력히 주장하였으며 남구만, 윤지완과 함께 성혼과 이이의 문묘배향 문제를 확정하는데 큰 공로를 세웠으며, 예학禮學에도 조예가 깊어 남계예설南溪禮說을 저술하였다.

탁월한 정치가이면서 수백 권의 저술을 남겼던 대학자 현석 박세채는 1695년 향년 65세를 일기로 생애를 마쳤으며, 마침내 1764년 영조의 명에 의하여 문묘에 배향되는 영예를 누리게 되었다.

조선 최고의 천재

이가환

정조가 승하한 것이 1800년 6월 28일인데 그 이듬해인 1801년에 일어난 신유사옥에서 조선 최고의 천재로 알려진 금대 이가환이 체포되어 고문을 받다가 모든 것을 체념하고 단식하다가 결국 절명絕命하였다.

금대는 어떤 발자취를 남긴 인물이었는지 그 역사 속으로 들어가 보기로 하자.

금대는 1742년 당시 한양 황화방에서 성호 이익의 조카인 혜산 이용휴와 류현장의 딸인 진주 류씨 사이에 1남 5녀중 외아들로 출생하였다.

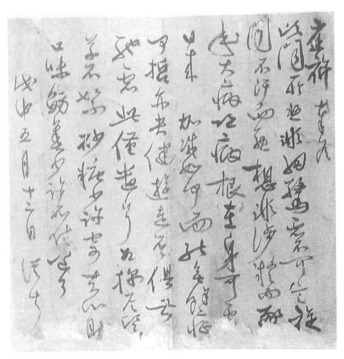

이가환 글씨

　문장이 뛰어났던 선친인 혜산과 종조부 성호의 영향을 받아서 금대 또한 실학에 깊은 관심을 가졌는데 학풍의 특징은 어느 한 분야의 학문만 추구한 것이 아니라 다방면의 학문을 익히려고 하였던 백과전서적인 성향이 강하였다.

　금대의 어린 시절에 대하여는 거의 알려진 사실이 없는데 본격적으로 역사상에 등장하는 시점은 30세가 되는 1771년 사마시에 합격하면서 두각을 나타냈으며, 정조가 영조의 뒤를 이어서 즉위한 지 1년 후가 되는 1777년 과거에 급제하면서 금대의 관료 생활은 시작되었다.

여기서 한 가지 흥미로운 점은 금대의 든든한 후원자 역할을 하였던 정조가 즉위한 이후 본격적으로 출사하였다는 점인데 이런 것을 통하여 볼 때 정조와 금대의 인연은 가히 특별하였다고 볼 수 있다.

정조는 승하하기 전까지 당시 노론의 대표적인 공격대상이었던 금대를 끝까지 옹호하였는데 그에게 정학사正學士라는 호칭까지 내리면서 뛰어난 학문세계를 높이 평가하였다.

정조실록에 의하면 정조가 금대에게 어떤 질문을 하여도 전혀 막힘이 없이 명확하게 답변하였다는 것이며, 결국 금대의 박학다식함에 지친 정조가 그 질문을 승지에게 넘겼다고 한다.

이러한 천재성에 대하여는 정조뿐만 아니라 다산 정약용도 강진에서 18년 동안의 유배생활을 마친 이후 지은 금대의 묘지명에서 자세히 전하고 있다.

당시 그는 남인의 영수 번암 채제공의 정치적인 후계자로 인식되었으며 정조도 금대를 차기 정승감으로 생각하면서 개

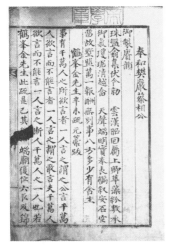

御製唐韻珠聯玉集伏全初
御氣璅琭清越合天籟端明質奉長編舊故覽飄萬一報酬無列事八少少有含生
鶴峯金先生辛未疏元豪跛
事育于萬人之所欲言者一人言之斯之譎之公言乎萬人之言之穎之散言夫乎萬人欲言而不能言一人言之也若
人欲言而不能言一人言之也錦峯金先生此疏是其己其
蠟廟復位六臣風錦

奉和樊巖蔡相公

이가환 금대집 글씨

혁정치 실현에 있어서 견인차적인 역할을 할 수 있는 인물로 생각하였다.

그런데 이러한 금대의 위상에 대하여 비판한 세력이 있었는데, 그것은 다름 아닌 노론벽파였다.

금대가 벽파와 갈등을 겪게 된 계기는 종조부가 되는 이잠과 관련된 사건이었

이가환 문집

는데 이잠은 숙종이 재위 시에 노론세력이 당시 왕세자인 경종의 신변을 위해하려 한다는 상소를 올려서 국문을 당하다가 목숨을 잃었는데 노론은 금대가 이러한 인물의 종손從孫이라는 점을 늘 경계하였다.

노론은 정조가 금대에게 높은 벼슬을 제수할 때 마다 사사건건 제동을 걸면서 반대하였는데 이는 결코 우연이 아니라 이러한 과거와 깊은 관련이 있었다.

금대의 생애는 크게 사상적, 종교적, 문학적인 측면 등 세 가지로 나눌 수가 있는데 특히 필자는 종교적인 측면과 관련하여 깊은 관심을 가지고 있다.

이와 관련하여 금대가 감옥에서 옥사를 당하게 된 죄목도 종교적인 요소와 밀접한 관련이 있었다.

여기서 말하는 종교적 측면이란 바로 천주교와의 관련성을 의미하는 것이다.

그렇다면 금대가 목숨을 잃게 되는 직접적 요인이 되었던 천주교와 금대는 어떤 인연이 있었던 것인지 고찰해 보기로 하겠다.

본래 금대는 천주교보다는 서학에 더 관심이 많았는데 이는 종조부인 성호의 사상에서 영향을 받은 바가 크다고 할 수 있는데 성호는 서학에 대하여 긍정적인 생각을 가지고 있기는 하였지만 종교적인 측면보다는 서양과학이라는 측면에 더욱 흥미를 느꼈다.

당시 실학이 성리학 일변도의 조선사회를 변화시킬 수 있는 학문으로 보았던 성호는 새로운 학문인 서양과학에 깊은 관심을 표명하였다.

그런 의미에서 성호의 사상에 큰 영향을 받았다고 볼 수 있는 금대도 이러한 서양과학에 대하여 흥미를 느꼈으며 실제로 그는 특히 천문학, 기하학에 대하여는 깊은 조예를 가지고 있었다.

황사영 백서에서 전하는 바로는 금대의 기학학에 대한 자부심은 대단하여 생전에 "내가 죽으면 기하학의 종자의 맥은 끊어질 것이다."라는 말을 남길 정도로 기하학의 대가였다.

이렇게 서학에 대하여 학문적인 관심으로 시작하였던 금대가 천주교를 접하게 된 하나의 계기가 있었는데, 그의 생질인 만천 이승훈으로부터 비롯되었다.

만천은 금대의 누님의 아들인데 흥미롭게도 금대의 천재성을 높이 평가하였던 다산의 매형이 또한 만천이 되니 이런 관계로 보면 금대와 다산은 사돈관계라 할 수 있다.

1784년 광암 이벽의 권유로 북경 북당 성당에서 그라몽 신부로부터 베드로라는 세례명을 받고 귀국한 만천은 광암에게 북경에서 가져온 천주교 서적을 전달하였으며, 이를 집중적으로 정독한 광암이 본격적으로 천주교 포교활동을 하는 과정에서 최우선적으로 포교한 인물이 바로 금대였다.

그것은 당대 최고의 문장가이면서 동시에 남인들 중에서 번암 다음으로 영향력이 큰 금대가 만약에 입교한다면 거기에 따른 파급효과가 크다고 보았기 때문이었다.

그래서 결국 금대와 광암이 천주교와 관련하여 며칠에 걸쳐서 토론한 결과 금대가 광암의 논리에 공감하면서 그로부터 여러 권의 천주교 서적을 얻었다.

원래 박학다식하며 많은 독서를 한 금대가 황사영 백서에 의하면 천주교를 진리라고 극찬하면서 그 이후로 천주교를 믿게 되었다는 것인데 금대 자신이 영세 받은 것은 아니지만 주위에 입교를 권유하거나 천주교 서적을 한글로 번역하여 배포한 것을 미루어 볼 때 그 당시까지만 해도 금대는 천주교에 대하여 호의적으로 대했다고 본다.

여기서 그의 영세문제와 관련하여 황사영 백서는 중요한 언급을 하고 있는데 금대가 영세 받지 않은 이유가 북경에 사신으로 가는 길에 직접 서양 선교사를 만난 이후에 세례를 받고 싶었다는 점인데, 이는 당대 최고의 학자로서 학구적인 경향이 강하였던 금대다운 면모였다.

그러나 결국 영세 받지 못하여 이 문제로 인하여 신유사옥 때 천주교 교주라는 죄목으로 체포되었으면서도 결국 천주교 신자라는 공식적인 인정을 받지 못하였다.

금대가 역적으로 몰려서 옥사를 당하였으며 그로 인하여 많은 저술들이 소실되어 현재 그 행적에 대하여 그나마 알 수 있는 자료가 다산이 지은 묘지명과 황사영 백서라 할 수 있다.

그런데 다산이 지은 묘지명에서 금대와 천주교와의 관련성에 대하여 부정적으로 묘사하고 있는 반면에 황사영 백서는 비록 나중에 배교는 하였지만 초창기에 금대는 천주교를 믿고 기도생활도 한 것으로 전하고 있다.

이와 같이 다산과 정약현의 사위로서 광암 만큼이나 신앙심이 깊었던 황사영이 천주교와 관련된 금대의 행적과 관련하여 상반된 시각을 보이고 있는데, 필자는 비록 금대가 영세 받지 않았지만 한때나마 천주교를 믿었다고 생각한다.

특히 신유사옥이 일어나기 전에 추진하였던 성직자 영입에 금대가 관련되어 있다는 대목과 더불어 서양의 군함을 통하여 신앙의 자유를 얻고자 하였던 대박청래大舶請來를 추진할 때 자금을 지원하였다는 부분을 통하여 볼 때 적어도 금대가 1791년 신해박해가 일어나기 전에는 당시 신앙공동체와 밀접한 관련이 있었다는 점을 배제할 수 없다고 본다.

이러한 금대의 뜻은 당시 사신의 일행으로 북경에 간 윤유일을 통하여 북경교구장 구베아 주교에게 전달되기는 하였으나 선교사가 파견된 것은 아니었다.

그런데 이러한 시도가 실패로 끝나고 그 이듬해에 일어난 신해박해가 하나의 계기가 되어 그 이전까지 천주교에 대하여 적극적인 관심을 보였던 금대가 박해자가 되는 상황으로 급변하였다.

신해박해 당시 광주부윤으로 있던 금대가 이 사건으로 인하여 반대파인 노론벽파에게 천주교의 지도자로 공격받게 되자 그러한 상황을 정면돌파하는 의미에서 천주교도를 체포하여 심문하는 입장으로 돌변하였는데 이것이 금대가 공식적으로 천주교인들을 박해하는 최초의 사건이었다.

그 이후 1794년 조선에 최초로 입국한 주문모 신부 입국과 관련하여 1795년 승지에서 충주목사로 좌천되었는데 여기서도 교인들을 탄압하는 장본인의 역할을 하였다.

결국 이러한 두 번의 박해로 인하여 초창기에 비록 정식으로 입교한 것은 아니었지만 선교사 영입하는 문제까지 깊은 관심을 보였던 금대가 천주교 박해자가 되었다.

그러나 1799년 당시 남인의 영수 번암이 임종하면서 금대가 그의 후계자가 된 이후 아예 벼슬길에서 물러나 다시 천주교를 연구하던 중에 1801년에 일어난 신유사옥에서 천주교 교주라는 죄목으로 체포되어 결국은 고문을 받은 이후 단식을 결행하여 당대 최고의 천재로 명망이 높았던 금대 이가환은 향년 60세를 일기로 생을 마감하였다.

조선 최초의 세례자

이승훈

만천 이승훈은 1756년 서울 반석방에서 이동욱과 혜환 이용휴의 딸 여주이씨 사이에 출생하였다.

그런데 만천의 어머니의 동생이 당대 최고의 천재로 알려졌던 금대 이가환이며 만천은 금대의 생질이 되었다.

이와 더불어 만천의 아내가 다산 정약용의 누이가 되니 이로써 만천은 다산의 매형이 된다.

만천은 당시 성호학파의 일원一員으로서 1779년 천진암 강학회에 참석하였다.

이듬해인 1780년 진사시에 합격하였으나 벼슬을 단념하고 학문에만 심취하고 있던 중에 그의 인생에 있어서 결정적인 전환점을 주게 된 일이 있었는데 그것은 그의 친구이면서 천주교에 대한 열정이 강하였던 광암 이벽의 부탁으로부터 시작되었다.

1783년 가을 만천의 부친인 이동욱이 청나라에 동지사 사절단에 서장관으로 임명되는데 이 때 만천은 부친을 수행하는 자격으로 함께 북경으로 동행하게 되었다.

한편 만천이 북경으로 가게 되었다는 소식을 접한 광암은

이승훈묘

만천에게 북경에 가서 북당에 있는 선교사를 만나서 천주교의 교리에 대하여 자세히 알아보고 영세까지 받고 오라는 부탁을 하였다.

사실 만천이 천진암 강학회에 참석하기는 하였지만 그 무렵까지만 하더라도 천주교에 대하여 깊은 관심을 가졌던 것은 아니지만 광암이 가지고 있던 서학서적을 읽으면서 그도 어렴풋이나마 천주교에 대하여 관심을 가지게 되었다.

만천은 북경에 도착한 이후 북당을 방문하여 당시 예수회 선교사로 활동하고 있던 그라몽 신부와의 교리문답을 통하여 결국 1784년 봄에 베드로라는 세례명으로 영세를 받으면서 조선천주교회 최초의 영세자가 되었다.

영세를 받은 이후 다시 조선으로 귀국한 만천은 광암에게 북경에서 가져온 천주교 서적을 전달하였으며, 이러한 서적을 집중적으로 읽은 광암은 드디어 만천으로부터 세례자 요한이라는 세례명을 받은 이후에 본격적으로 포교활동을 시작하였다.

먼저 수표교에 위치하고 있던 광암의 처소가 집회장소로 변신하였으며 당대 최고의 학자인 금대 이가환을 비롯하여 다산 삼형제, 권일신 등에게 복음을 전파하여 금대를 제외하고는 대부분이 영세를 받는 구체적인 결실이 있었다.

그러다가 1785년 다시 장소를 김범우의 집으로 바꾸게 되는데 바로 그해에 을사추조적발 사건이 발생하였다.

구체적으로 김범우 집에서 집회를 하고 있던 중에 관원들의 습격을 받아서 광암을 비롯한 양반학자들은 훈방을 받는 선에서 마무리 되었지만 김범우는 중인이란 관계로 체포되어 결국 단양으로 귀양 가서 그 이듬해인 1786년 순교하였다.

이러한 을사추조적발 사건에 연루된 학자들은 문중의 압력으로 대부분 신앙을 멀리하게 되는데 여기에는 만천도 예외일 수는 없었다.

그런데 결국 이 사건으로 인하여 조선천주교회의 선구자라 할 수 있는 광암이 결국 단식을 결행하여 임종하는 불행한 사건이 일어났다.

그래서 광암 사후에 교회공동체는 만천을 중심으로 가성직 교단을 이루게 되었다.

그러나 뒤늦게 구베아 주교로부터 이러한 가성직교단이 교리에 어긋나는 것임을 깨닫게 된 만천은 조선에 성직자 영입 문제를 추진하였다.

1790년 그의 외숙인 금대를 비롯하여 윤유일·이존창과 이 문제를 논의한 끝에 윤유일을 북경에 밀사로 파견하였다.

만천과 금대는 그밖에 구베아 주교에게 성직자를 영입하는

방법으로 선박의 파견을 청원하였는데 이러한 두 가지 문제는 실현되지 못하고 그로부터 4년 후인 1794년 중국인 주문모 신부가 조선에 최초로 입국하게 되는 가시적인 성과가 이루어졌다.

그러나 1791년 조상의 제사를 모시지 않고 신주를 불태우는 사건이 발생하여 이 사건으로 인하여 윤지충과 권상연이 순교하고 대부분의 양반신자들이 천주교를 멀리하게 되었다.

이와 더불어 만천도 신해박해에 연루되어 평택현감에서 관직을 삭탈당하고 투옥되었다.

그 이후 1794년 주문모 신부의 입국과 관련하여 예산으로 귀양갔으며, 1801년 신유사옥이 일어나면서 다시 체포가 되어 혹독한 고문을 받고 결국 2월 26일 45세를 일기로 서소문 밖에서 순교하였다.

실학자

정약전

정약전의 호는 손암으로서 1760년 진주목사 정재원과 고산 윤선도의 후손인 해남 윤씨 사이에 차남으로 출생하였다.

성호 이익의 수제자인 녹암 권철신의 문하에서 수학하였으며, 1779년 동생 다산 정약용과 함께 천진암 강학회에 참석하였다.

1783년 사마시에 합격하여 진사가 되고, 그로부터 7년 후인 1790년 증광문과에 응시하여 병과로 급제하였으며, 관직은 부정자副正字 · 초계문신抄啓文臣에 이어 1797년 병조좌랑兵曹佐郎에 이르렀다.

이러한 정약전의 삶에 있어서 커다란 전환점이 다가 오는데 그것은 1801년 신유사옥이었으며, 이러한 탄압으로 인하여 다산과 함께 체포되어 다산은 장기로 손암은 신지도로 유배가게 되었다.

그러나 신유사옥 기간 중에 발생한 조카사위 황사영 백서사건에 연루되어 다산은 강진 손암은 흑산도로 유배지가 변경되어 16년 동안 유배생활을 하였다.

손암은 유배지에서 송정사의松政私議와 자산어보滋山魚譜를 저술하였다.

정약전의 자산어보

특히 자산어보滋山魚譜는 당시 흑산도 근해에 있는 수산물을 어류, 패류, 조류藻類, 해금海禽, 충수류蟲獸類 등으로 분류하여 조사한 내용을 기록한 저서로서 실학자로서의 면모를 유감없이 보여준 탁월한 저술이었다.

이러한 유배생활 중에서도 불굴의 의지로 저술

을 남겼던 손암은 1816년 흑산도에서 59세를 일기로 숨을 거두었다.

다산의 중형仲兄으로서 신유사옥으로 인하여 유배생활을 하였던 손암을 추모하면서 특히 외로운 유배생활 속에서도 송정사의松政私議와 자산어보滋山魚譜를 남겼던 손암의 숭고한 실학정신實學精神은 후세의 귀감이 될 것이다.

한국 천주교 선구자

이벽

  한국천주교회의 역사를 돌이켜 보면 세계천주교회사에서
그 유례를 찾을 수 없는 독특한 특징이 있는데 그것은 선교사
의 활동 없이 평신도에 의하여 자생적으로 교회가 태동^{胎動}되
었다는 것이다.

  그런데 바로 그러한 교회의 중심에 광암 이벽이 있었는데,
1785년 을사추조적발 사건이후 교회가 탄압을 받게 되었으며,
결국 이로 인하여 32세라는 젊은 나이에 웅대한 포부를 이루
지 못한 채 임종하였다.

  광암은 1754년 경기도 광주에서 경주이씨 문중의 후예로서,

그의 6대조는 지퇴당 이정형이며 임진왜란 당시 선조를 호종扈
從하였다.

이부만의 3남 3녀 중 차남으로 출생하였는데, 어린 시절이
자세히 알려진 것은 없으며, 다만 성호 이익이 어린 시절의 그
를 보고 장차 앞으로 큰 그릇이 될 인물이라 하였는데, 과연
성호의 선견지명先見之明은 탁월한 것이었다.

광암은 성호의 조카인 정산 이병휴로 부터 수학하였으며,
더불어 성호의 제자인 녹암 권철신의 문하에서도 공부하였는

이벽묘

데, 이러한 그의 학문적인 성향으로 볼 때 성호로부터 직접 가
르침을 받은 것은 아니지만 그의 제자로 부터 수학하였으니
성호학파의 일원–ᄐ이라 볼 수 있다.

여기서 광암의 파란만장한 생애를 언급하는데 있어서 빼놓
을 수 없는 인물이 있는데 다산 정약용이다.

다산은 조선후기 실학을 집대성한 대학자로서 『목민심서』,
『흠흠신서』, 『경세유표』의 3대 저술을 비롯하여 500여권이라
는 가히 방대한 저술을 남겼는데, 이러한 다산과 광암이 여러
모로 밀접한 관련이 있었다.

다산의 맏형인 정약현의 처남이 광암이 되므로 다산과 광암
은 사돈관계였으며, 같은 성호학파로서 깊은 학문적 교류를
나누었다.

학문적 교류와 관련하여 다산이 중용강의보를 편찬하는데
있어서 광암의 도움을 받았다는 부분이나 광암이 임종하였을
때 그의 죽음을 애도하는 다산의 글을 통하여 볼 때 광암의 학
문적인 수준은 높았다고 추정된다.

이제 본격적으로 광암과 서학과의 관련성을 고찰한다면 광
암의 고조부인 이경상이 소현세자를 수행하고 귀국할 시에 서
학관련 서적을 가져 오면서 학구심이 강하였던 광암이 그러한
책을 읽으면서 서학에 대하여 서서히 눈을 떴을 것으로 미루

어 짐작되며, 이러한 광암이 역사상에 본격적으로 등장하는 시기는 1779년 천진암 강학회에서 비롯되었다.

본래 강학회는 당시 유학자들이 모여서 유학에 대하여 학문적인 토론을 하는 모임이었는데, 다산이 중형仲兄손암 정약전의 묘지명에 쓴 기록에 의하면 1779년 광암을 비롯하여 녹암 권철신, 이암 권일신 형제, 손암 정약전, 다산 정약용 형제, 만천 이승훈, 권상학, 이총억, 이윤하, 김원성 등등 당시 성호학파 학자들을 중심으로 처음에는 서학에 대하여 학문적인 연구를 하다가 이러한 연구가 결국은 신앙적인 공동체로 승화되었다.

이러한 강학회가 열린 이후 광암은 종교적인 측면에 대하여 좀 더 자세히 알아보고 싶은 마음에 기회를 엿보고 있던 중에 드디어 기회가 찾아 왔는데 다산의 매부가 되는 만천의 부친 이동욱이 1783년 12월에 청나라 동지사에 서장관으로 임명되어서 만천이 그 수행원의 자격으로 가게 되어 광암이 만천에게 베이징에 가서 북당을 방문하기를 권유하였다.

1784년 베이징 북당을 방문한 만천은 그라몽 신부로 부터 교리교육을 받고 베드로라는 세례명을 받았다.

한편 그해 봄에 귀국한 만천은 당시 수표교에 위치하고 있던 광암의 자택에서 광암에게 세례자 요한이라는 본명으로 영세를 주었다.

이와 더불어 다산의 형제를 비롯하여 권철신, 권일신 형제도 영세를 받았다.

1785년 집회장소를 광암의 자택에서 김범우의 자택으로 변경하였는데, 이러한 집회가 어느 날, 관원들의 급습으로 그 집회자체가 해산되었다.

그런데 당시 참석하였던 대부분의 학자들이 양반이라는 점을 감안하여 전부 훈방되고, 유일하게 중인이었던 김범우만 체포되어 단양으로 유배를 가게 되었으며, 이듬해인 1786년 순교하였다.

한편 이런 과정을 거쳐서 광암도 훈방되지만 이는 고난의 시작에 불과하였는데, 이런 일이 계기가 되어 집안에서 광암에게 천주교를 포기할 것을 강요하며, 특히 광암의 부친의 압력이 가장 강하였다.

그래서 부친의 뜻이 워낙 완강하다는 것을 알게 된 광암이 일단 부친의 방침을 수용하고 교회지도자로서의 활동을 중단한 이후 결국 단식 끝에 임종하였다.

그런데 마침내 광암이 임종한 지 227년이 되는 2012년에 그의 죽음이 공식적으로 순교로 인정되는 구체적인 결실이 있었다.

2013년 3월에 열린 주교회의 춘계 정기총회에서 조선왕조치하의 순교자 133명에 대한 시복안건 제목을 "이벽 세례자 요한과 동료 132위"로 결정하기에 이르렀다.

광암은 조선에 천주교를 도입하는데 있어서 선구자 역할을 하였음에도 불구하고 그동안 그러한 위상에 합당한 예우를 받지 못하였는데 이제야 비로소 그의 업적이 정당한 평가를 받게 된 것을 고무적으로 평가한다.

끝으로 광암이 시복심사 대상자에 선정된 만큼 동료 132위의 순교자들과 함께 시복의 반열에 오를 영광스러운 날이 하루빨리 도래하기를 기원한다.

종두인허원

박승석

우리나라에 제너의 종두법種痘法을 최초로 보급한 인물이 송촌 지석영1855~1935으로 알려져 있지만, 종두인허원種痘認許員 경기도 대표로서 우두를 시술한 것으로 알려진 박승석1865~1937에 대하여는 거의 알려져 있지 않다.

여기서 박승석의 생애를 본격적으로 고찰하기 전에 다소 생소한 감이 있는 종두인허원種痘認許員이 무엇인지 살펴보기로 하겠다.

종두인허원種痘認許員은 1898년에 최초로 실시되었으며, 당시 각도의 관찰사와 종두의種痘醫 양성소를 수료한 종두사무위원에 의하여 임명된 우두를 전문적으로 시술한 우두의사牛痘醫師라 할 수 있는데, 처음에는 각 군에서 몇명을 임명하였으나, 나중에는 도 단위의 차원에서 임명되었다.

아울러 대한제국 말엽에는 종두인허원種痘認許員도 임명이 아닌 종두의種痘醫 양성소를 수료해야만 활동할 수 있을 정도로 그 위상이 높아졌는데, 경술국치 이후 총독부 위생과에서 면허인가제免許認可制로 전환되었다.

일제 강점기 종두인허원種痘認許員의 구체적인 현황을 엿볼 수 있는 하나의 사례를 든다면 1923년 당시 종두인허원種痘認許員이 1581명으로 되어 있는데, 이는 당시 의사가 1207명으로 볼 때 인원이 의사보다 많았다는 것이다.

그런데 이렇게 많았던 종두인허원種痘認許員의 흔적을 현재는 거의 찾을 수 없다는 점에서 당시 경기도 대표로 활동하였던 박승석의 존재가 알려진 것을 그나마 다행스럽게 생각한다.

그렇다면 박승석은 어떤 삶을 살았는지 그의 발자취를 살펴보기로 하자.

박승석은 조선왕조 후기인 1865년 12월 19일 경기도 연천군 군내면 상리 방골에서 출생하였는데, 원래 방골의 호칭은 밤이 많이 열린다 해서 밤골이라 불렀다.

여기서 박승석이 방골에서 태어나게 된 연유를 알기 위해서는 선대를 거슬러 올라가지 않을 수 없는데, 박승석의 조부 박제염은 원래 황해도 출신이나 31세가 되는 1830년에 당시 방골에 거주하고 있던 일가 아저씨뻘이 되는 박하수의 양자가 되면서 방골로 이주하였다.

그는 문화 류씨 사이에 2남 2녀를 두었는데, 장남은 박기양이고 차남은 박윤양 이었다.

박기양은 5형제를 두었는데, 박승석은 그 중에서 삼남으로 출생하였으며 사남 박승준은 당시 현석 박세채의 종손宗孫으로 입적되었다.

이러한 집안의 배경 속에서 성장한 박승석도 같은 방골의 일가친척의 양자養子가 되었다.

한편 박승석과 관련된 공식적인 기록은 조선총독부 관보 1913년 4월 14자일자 기사에 3월 8일부로 종두인허원種痘認許員 경기도 대표의 면허를 취득하였다는 것이며, 당시 그의 나이는 49세였다.

박승석은 종두인허원種痘認許員으로 활동하면서 임종하기 2년 전인 1935년까지 우두시술牛痘施術을 하였다.

끝으로 연천에서 최초로 우두시술牛痘施術을 실시한 박승석은 해방 8년을 앞둔 1937년 12월 28일 향년 73세를 일기로 임종하였는데, 우두시술을 통하여 백성들의 생명을 수호하였던 그

의 숭고한 의술정신醫術精神이 우리사회에 널리 알려지기를 바란
다.

국권회복 운동

조남승

조남승은 경기도 양주 출신으로서 임오군란이 일어난 1882년 출생하였는데 그의 가계는 당시 황실과 연결되어 있었으며 모친은 홍선대원군의 딸로서 고종황제는 그의 외숙이 되었다.

부친은 한일강제병합조약을 반대하였으며, 일제로부터 작위를 거부하였을 뿐만 아니라 순종황제가 붕어하기 전에 구술로 남긴 유교遺敎를 기록하여 이를 신한민보에 발표한 조정구였다.

조남승의 어린 시절에 대하여는 알려진 바가 없으며, 1905년 을사늑약 체결 시에 반대상소를 올렸으며, 1907년 고종황제가 헤이그에 특사를 파견할 당시 한성전기 주식을 미국인에게 팔아서 자금을 마련하였다.

3·1운동 이후 중국에 망명길에 올랐으며, 1921년 3월 북경의 박정래 집에서 독립기념일을 축하하는 행사에 참석하였다.

1923년 6월 상해 중한호조사中韓互助社에서 활동하였으며, 그 이후 1926년 10월 결성된 한국독립유일당북경촉성회韓國唯一獨立黨北京促成會 집행위원으로 원세훈, 장건상, 조성환 등 7인과 함께 활동하였다.

1932년 2월 국내에 잠입하였다가 인천에서 일경에게 치안유지법 위반으로 체포되어 경성지방법원에서 징역2년에 집행유예 3년을 언도받았다.

여기서 필자가 그의 행적과 관련하여 특히 주목하는 대목은 그의 외사촌 형이 되는 의친왕과 어떤 교류가 있었는지 여부인데 관련기록이 발견되지 않았다.

흥선대원군의 외손자로서 독립운동가의 길을 걸었던 조남승은 1933년 향년 52세로 생애를 마쳤으며, 2010년 8·15에 항일운동 행적이 인정을 받아서 독립유공자로 추서되었다.

여성독립운동가

하란사

하란사는 일제 강점기에 활동하였던 여성독립운동가로서 특히 의친왕과 대학동문이라는 특별한 인연을 가지고 있는데, 북경에서 의문의 죽음을 당하기까지 어떠한 삶을 살았는지 알아보기로 하자.

하란사는 1875년 평양에서 출생하였는데, 본명은 김씨이고 본관은 김해인데 남편 하상기의 성을 따서 하씨로 바꿨다.

아울러 하상기가 인천별감으로 있을 때 하란사가 어린 나이에 1남 3녀를 둔 그의 후처로 들어간 내력은 알려져 있지 않다.

하란사

　한편 향학열에 대한 열정이 대단하여 당시 기혼자는 입학할
수 없는 이화학당에 직접 찾아가서 프라이 학장을 적극적으로
설득하여 입학하였다.

　1896년 이화학당을 졸업한 이후 일본의 경응의숙慶應義塾에서
1년 동안 공부하고 귀국하였으며 1900년 미국의 웨슬레안 대
학 영문학과를 입학하여 1906년 졸업하면서 대한제국 최초의
미국 학사 여성이 되었다.

이와 관련하여 당시 웨슬레안 대학에서 수학하고 있던 의친왕을 처음으로 만나게 되며, 이러한 인연이 고종황제가 파리강화회의에 의친왕과 함께 하란사의 파견을 결정하는 배경이 되었다.

1906년 미국 유학생활을 마치고 귀국한 하란사는 상동교회에서 스크랜튼을 도와서 영어학교 교사로 활동하였는데 이 학교는 스크랜튼이 당시 기혼여성들을 대상으로 설립한 학교였다.

여기에서 영어와 성경을 가르친 하란사는 과부, 기생, 첩, 궁녀 등 불우한 여성들을 가르치면서 여성문제에 대하여 본격적으로 관심을 가졌는데, 이는 하란사가 민족문제에 대하여 관심을 가지게 된 계기가 되었다.

1909년 경희궁에서 해외에 유학한 여성들을 위한 성대한 환영회가 개최되었는데 여기에 하란사도 윤정원, 박에스터와 함께 참석하였으며, 고종황제로부터 은장을 수여받았다.

한편 고종황제는 1918년 파리강화회의에 극비리에 의친왕과 하란사를 특사로 파견하여 일제침략의 부당성을 전세계에 호소하려 하였지만 이러한 계획을 결행하지 못하고 붕어하였다.

이러한 청천병력의 고종황제의 붕어라는 소식을 접한 의친왕과 하란사는 본래 계획을 수정하여 의친왕은 파리강화회의에 참석하는 것을 보류하고 하란사에게 밀촉密囑을 내렸다.

그런데 2월에 북경에 도착한 하란사가 동포가 마련해준 행사에서 먹은 음식으로 인하여 의문의 죽음을 당하였다.

이와 관련하여 당시 이토 히로부미의 양녀養女로서 일제의 스파이로 활동하였던 배정자가 미행했다는 이야기도 있는 등 독살 사망설이 있는데, 당시 장례식에 참석했던 미국 성공회 책임자 베커 씨의 "시체가 시커먼 게 독약으로 말미암은 타살로 추측된다."라는 증언이 이를 뒷받침해준다.

여성독립운동가로서 의친왕과 함께 파리강화회의에 참석하려고 하였던 하란사가 끝내 뜻을 이루지 못하고 의문의 죽음을 당한 점이 참으로 애석하지만 뒤늦게나마, 1995년 독립유공자로 추서된 점을 뜻깊게 생각한다.

다시 생각해보는

임 빌리버

    필자가 윤예원 신부의 항일운동을 추적하는 과정에서 깊은 인상을 준 인물이 있었는데 임 빌리버라고 불리는 청년이었다.

    여기서 임빌리버는 원래 이름은 아니고 천주교 본명을 의미하는 것으로 보이며, 예수의 12사도중의 한명인 필립보와 동일한 본명으로 추정된다.

    독립운동 관련 자료에 의하면 3·1 운동이 일어난 지 7개월이 되는 1919년 10월 황해도 매화 본당에서 신부들의 회의가 열렸을 때 홀연히 나타나, 특히 윤 신부에게 최초로 상해임정에 합류하기를 권하였던 임 빌리버라는 청년은 누구인가?

이 청년은 윤 신부에게 상해임정에서 천주교 신자들에게 보내는 권고문 500매를 전달하였을 뿐만 아니라 윤 신부의 핵심적인 항일운동인 군자금을 모집할 수 있는 동기부여를 주었다.

당시 윤 신부의 행적을 추적하는데 있어서 중요한 역할을 했던 인물임에도 불구하고 정확한 인적사항이 발견되지 않았다.

여기서 군자금이란 적십자회비를 의미하는데, 임 빌리버는 윤 신부에게 적십자운동의 참여를 권유하며, 이러한 권유를 받아드린 윤 신부는 직접 회원으로 가입하고, 40원의 회비를 내었을 뿐만 아니라 황해도 공소를 다니면서 신자들에게 회비를 낼 것을 촉구하였다.

더 나아가서 동료사제들에게 편지를 보내어 적극적인 동참을 촉구하였는데, 이는 바로 윤 신부가 군자금 모집활동을 한 것을 의미하였다.

적십자회는 1919년 8월 29일에 상해임정에서 설립한 보건후생단체로서 인도적인 차원에서 당시 독립군 부상자들을 구호하는 역할을 하였다.

그러나 적십자회가 독립군의 가족도 돌보는 역할까지 하였기 때문에 단순한 구호사업인 것이 아니라 독립군을 지원하는 활동을 하였다고 볼 수 있으며, 국내에서 모금한 회비를 상해 임정으로 보냈기 때문에 사실상 군자금의 성격을 띠었다.

그런데 임 빌리버의 결정적인 자료가 발굴된 것은 아니지만, 자료추적하는 과정에서 당시 적십자회 상해통신원이었으며, 임정의 조사원으로 평양에서 활동하고 있던 임창준을 발견하였다는 점이다.

물론 임 빌리버가 임창준과 동일인물이라는 확실한 증거가 있는 것은 아니지만 일단 임 빌리버를 평양에서 온 청년이라 하였는데, 공교롭게도 임정의 조사원인 임창준도 평양출신이라는 점이다.

더군다나 임창준이 적십자회 상해통신원으로 활동하였다고 하므로, 임 빌리버와 임창준이 동일인물일 가능성도 배제할 수 없다고 본다.

한편 임 빌리버는 1920년 2월 7일 뮈텔 주교를 면담하였는데, 여기서 주목할 대목은 당시 임정의 내무총장 겸 국무총리로 있던 안창호의 편지를 뮈텔 주교에게 전달하였다는 점인데, 이런 편지를 뮈텔 주교에게 전달한 것만 미루어 보아도 임 빌리버가 임정과 밀접한 관련이 있는 인물이라고 볼 수 있다.

그러나 뮈텔 주교의 일기에 의하면 임 빌리버의 천주교의 독립운동 동참에 대한 촉구에 그의 반응은 냉담하였다는 것이다.

임 빌리버는 이와 더불어 용산신학교 신학생들에게도 항일운동에 동참할 것을 촉구하려고 시도하였지만 신학교 교장으로 있던 기낭 신부의 방해로 뜻을 이루지 못하였다.

그런데 이렇게 열정적인 항일운동을 전개하였던 임 빌리버는 그 이후 천주교 관련 자료에 등장하지 않고 있다는 점이다.

평신도 독립운동가로서 1919년 2월 10일 이후로 그 행적을 전혀 알 수 없는 임 빌리버의 항일운동 행적이 정부로부터 정당한 평가받기를 바란다.

항일운동가

윤예원 신부

일제 강점기 천주교 성직자로서 항일운동을 하였던 윤예원 신부는 어떤 인물이었는지 그 행적을 더듬어 보기로 하자.

윤예원 신부는 1886년 충남 부여군 구룡면 금사리에서 순교자의 후손인 윤정두의 5남 2녀 중 3남으로 출생하였다.

13세에 기낭 신부의 추천으로 용산 예수성심신학교에 입학하였으며, 1914년 3월 7일 사제서품을 받았다.

신부가 된 이후 최초로 발령받은 곳이 황해도 은율 본당인데, 이때부터 천주교의 대표적인 항일운동가 신부로 활동하였던 윤예원 신부의 본격적인 사목활동이 시작되었다.

윤 신부가 부임한 이후로부터 5년 뒤에 3·1 운동이 일어났는데, 윤 신부의 성향으로 미루어 볼 때 간접적으로나마 신자들의 시위를 독려하였을 것으로 본다.

이러한 윤 신부가 본격적으로 항일운동 대열에 참가하게 된 계기는 상해임정에서 파견된 임 빌리버라는 청년과의 만남으로부터 비롯되었다.

그는 당시 상해임정에서 설립을 인가한 대한적십자회의 회원으로서 조선에 파견된 것으로 추정되는데, 1919년 10월 황해도 매화동 본당에서 사제회의가 열렸을 때 윤 신부에게 상

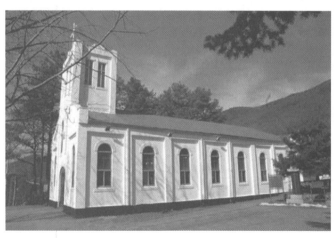

하우현성당

해임정에서 천주교 신자들에게 적극적인 독립운동 참가를 촉구하는 권고문 500부를 전달하며, 이어서 윤 신부에게 적십자운동의 동참을 권유하였다.

이러한 임 빌리버의 권유를 받아들인 윤 신부는 천주교 성직자로서 본격적으로 항일운동의 대열에 동참하였으며, 상해임정 권고문 500부를 주위에 배포하는 활동을 하였다.

여기서 필자가 권고문 배포보다 더 주목하는 부분이 있는데 적십자운동과 관련된 대목이었다.

당시 윤 신부가 임 빌리버로부터 적십자운동이 사실상 항일운동을 의미한다는 것을 충분히 들었을 것으로 생각하며, 그가 여기에 동참하였다는 사실에서 항일운동에 대한 그의 강한 의지를 느낄 수 있다.

이와 더불어 윤 신부는 단지 회비를 내었을 뿐만 아니라 신자와 동료 사제들에게 회비를 적극적으로 내라고 독려를 하니, 이는 곧 윤신부가 군자금을 모집하는 활동을 하였다는 것을 입증하는 것이며, 이 부분은 윤 신부 항일운동의 핵심적인 대목이었다.

그러나 이러한 윤 신부의 항일운동을 뮈텔 주교가 알게 되면서 그의 활동이 제약을 받게 되었다.

이러한 상황에서 윤 신부는 사제로서 주교에게 순명하는 자세를 취하며, 앞으로 이런 활동을 하지 않겠다고 맹세하지만, 윤 신부의 의사를 전적으로 신뢰하지 않았던 뮈텔 주교가 1920년 6월에 윤 신부를 은율 본당에서 경기도 하우현 본당으로 전임시키는데 이는 사실상 윤 신부에 대한 문책성 인사라고 볼 수 있었다.

윤 신부가 뮈텔 주교로 부터 문책성 인사를 당하였지만, 조국을 사랑하고 민족의 고통을 함께 하려는 그 애국심이 사라진 것은 아니었다는 구체적인 사례를 세 가지 제시하겠다.

첫째. 1925년 고향인 부여의 땅을 팔아서 성당아래에 학교를 지었는데, 바로 이 학교가 애경강습소인데, 겉으로 보기에 교육기관으로 볼 수 있지만, 윤 신부의 의도는 이런 교육을 통해서 신자들에게 직접적인 항일운동은 하지 못하지만, 간접적으로나마 민족의식을 계속 고취하려는 의도가 있었을 것으로 보며, 이는 겉으로 뮈텔 주교의 방침에 순명하면서 동시에 윤 신부의 입장에서 추진할 수 있는 대안이었다.

둘째. 애경강습소를 설립한 이듬해인 1926년 한 공소에서 경찰에게 소환되어 강습소와 독립군과의 연관성에 대하여 조사를 받았으며, 당시 윤 신부의 서한을 압수하였다고 하는데, 이런 사실을 통하여 강습소는 그냥 단순한 교육기관이 아니었다는 것을 미루어 짐작할 수 있다.

셋째. 해방을 불과 얼마 앞두고, 강원도 대화본당 주임신부로 재임할 당시 미사 강론 중에 경찰이 있었음에도 불구하고 일본 천황을 귀머거리, 소경이라고 언급한 것이 문제가 되어 1주일간 투옥된 바가 있었다.

이상과 같이 이러한 세 가지 사례를 놓고 볼 때도 상해임정 군자금 모집 사건이후 은율에서 하우현 본당으로 전임된 윤 신부의 항일운동이 적극적이지는 않았다고 하더라도 간접적인 움직임이 있었다는 점을 주목할 필요가 있다고 본다.

이러한 윤 신부가 부산 구포 본당 주임신부를 끝으로 1968년 은퇴하여 충남 부여군 외산면 만수리 공소에서 요양 중에 병세가 악화되어 결국 1969년 5월 7일 대전성모병원에서 위암으로 향년 84세를 일기로 선종하였다.

유한익 목사

유한익 목사는 1862년 10월 27일 당시 경성부 천연동에서 출생하였다.

유 목사의 어린 시절은 거의 알려져 있지 않으며, 한 가지 이채로운 대목은 유 목사가 환관출신이라는 점인데 어떤 연유로 환관의 길을 걸을 수밖에 없었는지 더 이상 알기는 어렵다는 점이다.

고종실록에 의하면 1902년 그가 당시 정3품으로 제수받고 있던 상황에서 경무청 경무국장으로 임명되면서 칙임관 4등에 서임되었다는 것이다.

여기서 경무청이라 하면 오늘날의 경찰청에 해당되는 기관이라 할 수 있으며, 경무국장은 최고 책임자인 경무사 다음 자리라고 할 수 있는데, 현재 경찰청 차장에 해당되는 직책으로 생각된다.

그런데 이런 자리에 유 목사가 임명되었다는 것으로 볼 때 당시에 고종황제의 신임이 두터웠다는 것을 미루어 짐작할 수 있다.

그러나 유 목사가 어떤 과정을 거쳐서 이렇게 궁중에서 고위관리로 활동할 수 있었는지 이와 관련된 구체적인 자료가 발견되지 않았다.

경술국치 이후 벼슬에서 물러난 유 목사의 인생에 있어서 커다란 분수령이 생기는데 그것은 개신교를 믿게 되었다는 점이다.

필자로서는 고위관리까지 역임하였다는 분이 어떤 연유로 기독교를 믿게 되었는지 흥미롭게 생각되는 부분이다.

그런데 유 목사가 속하였던 교단은 남감리회였는데, 언제 목사로 안수 받게 되었는지 정확히 모른다.

활동지역은 주로 춘천인데, 1919년 8월2일에 춘천 안디옥 교회의 초대 담임목사로 시무時務하였다.

이어서 유 목사의 행적에 있어서 핵심적인 부분이라 할 수 있는 항일운동 관련 부분을 소개한다.

3·1 운동 이후 철원에서 조직되어, 상해임정과도 긴밀한 교류를 하였던 "철원애국단" 사건에 유 목사가 관련되어 있다는 사실을 판결문을 통하여 확인하였다.

이와 관련하여 판결문을 보면 유 목사의 이름도 여러 차례 등장하며, 재판에 정식으로 회부되지 않고 방면되었다.

이렇게 "철원애국단"에서 활동한 경력으로 볼 때 그 이후에 일어난 춘천농업학교의 독서회 학생들에게 설교를 통한 민족의식을 고양시킨 것이 결코 우연이 아니라고 할 수 있을 것이다.

아울러 유 목사는 일제 강점기 선각자이면서 동시에 독립운동가인 한서 남궁억의 제자로 알려져 있다는 사실이다.

한편 유 목사의 인생에 있어서 또 하나의 전환점이라 할 수 있는 춘천감리교회 시무時務에 대하여 논한다면 그는 1930년부터 1933년까지 시무時務하였다.

그런데 분명하게 말할 수 있는 사실은 독서회 사건 관련 학생들이 독서회를 정식으로 조직하기 전에 유 목사 사택舍宅에서 설교를 통하여 감화를 받았으며, 회합장소로 이용되었다는 것을 통하여 당시 독서회에 있어서 유 목사는 정신적인 지도자 역할을 한 것으로 생각된다.

유 목사가 임종한 것이 1940년인데, 1940년 12월 10일에 독서회 사건이 발각되었으므로 그는 사건이 일어나기 전에 임종한 것으로 짐작된다.

필자에게 깊은 감동을 준 점은, 춘농 학생들을 지도한 해인 1937년은 유 목사의 나이가 76세가 되는데, 그러한 고령에도 불구하고 목회자로서 학생들에게 민족정신을 심어준 그 열정에 실로 고개가 숙여지지 않을 수 없었다.

끝으로 대한제국 시대에는 고위관리를 지냈으며 더불어 일제 강점기에는 항일운동을 하였던 유한익 목사의 애국정신이 우리사회에 널리 전파되기를 바란다.

추모

임원빈

임원빈은 1923년 함경남도 원산에서 출생하였으며, 정동 공립 보통학교를 졸업하고, 1936년 경기공립중학교에 입학하여, 5학년 때인 1940년에 CHT조선인해방투쟁동맹이라는 비밀결사조직을 결성하였다.

당시 이 조직에 참가한 인원은 14명이었는데, 중앙위원회 산하에 서기국, 이론부, 실천부를 두었으며, 다시 그 산하단체에 계림공진회, MH회를 두었을 정도로 체계적인 조직이었다.

그는 정동貞洞에 위치하였던 소련총영사관에 갔다가 일제에 의하여 체포되었다.

체포된 이후 관련 자료는 거의 없다고 해도 과언이 아닌데, 한 가지 다행스러운 점은 "공소기각 사유서"가 발견되었다는 점이다.

여기서 이 자료를 발견하게 된 경위는 판결문을 읽어 가던 과정에서 유독 임원빈에 대하여만 "심리분리審理分離" 하였다는 단서를 찾아서 추적하던 중에 발견하였다.

사실 임원빈은 무슨 연유인지 서대문 형무소 신상 기록 카드에도 누락되어 있다.

그는 고문의 후유증으로 풀려났지만 해방을 4개월 앞둔 1945년 4월 6일에 불과 23세라는 젊은 나이에 숨을 거두었다.

정동보통학교와 경기공립중학교에서 연이어 조장을 하면서 수재로서 명성을 떨쳤던 임원빈이 고문의 후유증으로 임종한 것을 생각하면 안타까운 마음 금할 수가 없다,

임원빈은 2008년 3·1절에 동창생이면서 동시에 CHT조선인해방투쟁동맹 동료 조직원이 되는 이정순과 함께 독립유공자로 추서되었다.

재조명

박찬오

2012년 5월 10일 오랫동안 행방불명되었던 박찬오의 새로운 행적이 밝혀졌는데 과연 그에게 어떤 사연이 있었던 것인지 그 이야기 속으로 들어가 보기로 하자.

박찬오

박찬오는 1923년 3월 2일 강원도 철원에서 박원서의 1남 2녀 중 외아들로 출생하였다. 그의 어린 시절에 대하여는 알려진 바가 거의 없으나, 1935년 철원공립보통학교를 졸업한 이후 당시 전국의 수재들이 모인다고 하는 경기공립중학교에 1936년에 입학하여 학창시절을 보내고 있었다. 그의 당시 학적부를 확인한 결과 비교적 우수한 성적이었으며, 4학년 때는 부조장副組長으로 활동하였다는 사실을 알게 되었다.

그런데 그의 인생에 있어서 커다란 분수령이 되었던 사건이 일어났는데 그것은 5학년에 재학 중인 1940년 11월에 비밀결사조직이 결성되었는데 여기에 그도 합류하여 활동하던 중 체포되었다. 구체적으로 이 조직의 정식명칭은 CHT조선인해방투쟁동맹이라고 하며 5학년생37회 학생인 송택영, 임원빈, 박찬오외 8명을 비롯하여 4학년 학생인 이철주와 다른 학교 학생경성중학교, 일반인까지 포함한 총 14명으로 구성되어 항일운동을 전개하다가 그 이듬해인 1941년 전원 체포되었다. 그는 처음에 경기도 경찰부 유치장에 수감되었다가 그 이후 서대문 형무소에서 미결수로 수감생활을 하던 중에 1942년 12월 2일 경성지방법원의 판결에 의하여 단기 3년~장기 5년을 언도받고 복역하던 중, 수감자중 유일하게 원산형무소로 이감移監 되었으며, 해방이 되면서 출소하였다.

여기서 한 가지 궁금한 점은 정확한 시기는 파악되지 않지만 CHT조선인해방투쟁동맹 사건 관련자들 중에서 박찬오만 유일하게 원산형무소로 이감移監 되었다. 이 부분을 강조하는 배경은 그가 해방이 되면서 출소한 곳이 원산형무소가 되면서 결국 북한의 과학자로 활동한 배경과 무관치 않다고 보기 때문이다. 만약에 그도 다른 동료 조직원들과 같이 서대문 형무소에서 출소하였다면 그의 인생의 판도가 새롭게 전개되었는지도 모른다. 그렇다면 일제 강점기 학생의 신분으로서 항일운동을 하였던 박찬오를 어떻게 알게 된 것인지 그 내력을 소개하겠다. 원래 박찬오의 존재를 전혀 모르고 있었는데 1992년 만주에서 군자금 모집을 하다가 행방불명된 박의서의 행적을 추적하던 중에 그 이듬해인 1993년 4월 27일 그의 판결문을 당시 정부기록보존소 마이크로필름에서 발견하였다.

이러한 판결문을 발견한 이후 본격적으로 그의 행적을 추적하는 과정에서 집안의 재당숙을 통하여 그가 우랄산맥에 위치한 스베르들롭스크의 공과대학으로 유학을 갔다는 귀중한 증언을 듣게 되었으며, 그 이후 "그는 어떻게, 왜 공과대학을 가게 되었을까?"라는 물음이 오랜 세월동안 뇌리에서 떠나지 않았다.

독립운동가 발굴활동을 하게 된 본격적인 계기도 이러한 판결문을 발견하면서 시작된 것이었는데, 그동안 총 6명의 독립유공자 신청서를 제출하여 그중 2명이 지난 2008년 3·1절에 독립유공자로 추서되었다.

박찬오의 경기공립중학교 동창생들로서 함께 활동한 조직원들이었는데 그동안 독립운동가 발굴활동을 한 이래 처음으로 맺은 구체적인 결실이었다. 그러나 박찬오의 독립유공자 신청서 제출은 계속 미루어져만 가고 있었는데 결정적인 이유는 그가 러시아 유학중에 행방불명된 것으로 알려졌기 때문이었다.

아울러 그가 유학한 것으로 알려진 스베르들롭스크 공과대학의 교명校名이 늘 궁금하기는 하였지만 구체적으로 진전되지 않았고 세월은 하염없이 흘러갔다.

그리고 어느 덧 60년 만에 돌아온다는 흑룡의 해인 2012년을 맞이하였다. 평소에 북한문제에 관심이 많아서 다수의 북한칼럼을 쓴 바 있으며 여기에 북핵을 비롯하여 6자회담 관련 칼럼도 포함되었다. 그러던 어느 날, 북한관련 기사를 보다가 흥미로운 대목을 발견하였는데 현재 북한의 핵전문가가 3000명이 된다는 사실을 소개하면서 북한이 핵을 개발하는데 있어서 초창기에 ㄱ소련유학파가 주도적인 역할을 하였다는 내용을 보면서 해방이후 ㄱ소련으로 유학 간 이후 행방불명된 박찬오의 존재가 불현듯 떠오르면서 다시 그의 행적에 대한 추적이 시작되었다.

그에 대한 조사는 두 가지 측면에서 추진되었는데 하나는 독립운동가로서의 모습과 다른 하나는 과학자로서의 모습에 주안점을 두었다.

독립운동가로서의 그의 행적은 그야말로 뚜렷하다고 할 수 있는 상황에서 단지 러시아 유학중에 행방불명이 되었기 때문에 더 이상 추진되지 못한 점을 감안하여 이번에야말로 그 난관을 정면돌파 하기로 하고 그의 행적에 대하여 당시 외교통상부에 정식 민원을 신청하였다.

그러나 어느 정도 예상은 하였지만 그 벽은 생각보다 높아서 러시아에서의 그의 행적을 확인하기 위해서는 별도로 서류를 준비하여 정식으로 신청해야 한다는 새로운 사실을 알게 되었다. 또한 이 문제와는 별도로 오랫동안 미루어 왔던 그의 독립유공자 신청서를 제출하기로 결심하고 보훈처 공훈심사과 담당공무원과 통화를 하여 신청서를 정식으로 제출하기로 약속하였다.

물론 러시아에서의 그의 행적을 찾지 못하였기에 추서가 된다는 확실한 보장이 된 것은 아니었지만 어느 덧 그의 판결문을 발견한지 햇수로 20년이 되었으며 더불어 판결문 발견이 하나의 계기가 되어 2명의 독립유공자가 이미 추서된 시점에서 그에 대한 문제를 더 이상 미루는 것은 도리에 맞지 않는다는 판단 하에 정면 돌파하기로 하였다.

한편 과학자로서의 박찬오의 모습과 관련하여 그가 유학한 대학이 정확히 어느 학교인지는 몰랐지만 그가 공과대학을 다니게 된 계기가 궁금하게 생각되었다.

이런 상황에서 그에 대하여 좀 더 구체적인 행적을 추적하기 위해서 구소련에 유학한 사실을 기본바탕으로 인터넷에서 "소련유학생"으로 검색하는 과정에서 알게 된 전문가의 협조로 전혀 예상하지 못했던 자료가 발견되었다.

그것은 박찬오가 유학중에 행방불명된 것과 관련된 자료가 아니라 북한에서 1963년 도영찬과 함께 기고한 공동논문이었다.

구체적으로 1952년 설립된 북한과학원 산하 연구소인 물리수학연구소에서 간행하는 학술잡지 『수학과 물리』 제3호 「Ge에 대한 In의 적심효과를 제고하기 위한 실험」이라는 제하의 논문이었다.

이로써 그동안 러시아로 유학간 이후 행방불명된 박찬오의 행적 일부가 드러나게 되었다. 이러한 자료를 발견한 이후 그에 대한 독립유공자 신청서를 보훈처에 제출하기로 약속까지 하였는데 그가 북한에서 과학자로 활동한 흔적이 나왔기 때문에 아쉬운 마음 금할 수 없지만 결국 신청서 제출을 포기하였다.

이와 더불어 그의 자료발견이 계기가 되어 좀더 구체적인 행적을 다각도로 조사하였으나 밝혀내지 못하였다.

구체적으로 당시 그의 프로필만이라도 파악하게 되면 어떤 실마리가 풀릴 수 있을 것으로 생각되어 이 부분을 확인하기 위하여 관련기관, 전문가에게 자문을 구하였지만 결국 알아내는데 실패하고 말았다.

이렇게 간단한 프로필마저도 북한의 학자라는 이유만으로 전혀 확인할 수 없는 현실을 보면서 우리사회에 이념의 장벽이 얼마나 두텁게 자리잡고 있는지 뼈저리게 실감할 수 있었다.

이와 더불어 그의 행적과 관련하여 한 가지 에피소드를 소개하려고 한다. 이미 박찬오가 일제 강점기 경기중학교에서 항일운동을 한 부분은 언급하였으나 당시 함께 활동한 조직원 중에 유일하게 그의 1년 후배가 있었는데 그는 고종황제의 백부가 되는 흥완군의 현손이며 해방이후 연세대학교 물리학과 교수로서 한국물리학회 부회장을 역임하는 등 당시 남한의 대표적인 물리학자였던 이철주였다.

그런데 당시 판결문에 의하면 그가 항일운동을 하는데 있어서 하나의 동기부여를 준 인물이 바로 박찬오라는 사실이다. 구체적으로 박찬오가 1940년 7월 31일경 원산해수욕장 송도

원에서 10여 명의 학생들 앞에서 민족의식을 고취하는 연설을 한 바 있는데 여기에서 그의 연설을 들었던 1년 후배인 이철주가 감화를 받아 항일운동에 동참하게 되었던 것인데, CHT조선인해방투쟁동맹의 세포조직이라 할 수 있는 MH회에서 박찬오와 함께 활동하였다.

이와 관련하여 이철주는 지난 2005년 8.15에 항일운동 공적이 인정되어 독립유공자로 추서되었다.

그런 의미에서 볼 때 비록 박찬오가 북한의 과학자라는 점으로 인하여 추서되지 못하였지만 이철주로 하여금 항일운동할 수 있는 동기부여를 준 점은 뜻깊은 일이라고 본다.

필자가 2012년 5월 박찬오의 논문을 확인한 이후 그의 프로필을 확인하는 것에 실패하였지만 그러한 과정 속에서 입수하게 된 "소련군정기 북한의 교육"이라는 책에서 "1947/48학년도 북한유학생의 소련 고등교육기관 입학 현황"리스트를 통하여 그가 스베르들롭스크주의 주도主都인 예카테린부르크에 위치한 우랄공대에 유학하였을 가능성이 크다는 추정을 하였다.

그래서 이러한 자료를 바탕으로 우랄공대에 공식적으로 확인하는 문제를 다방면으로 추진하였으나 특별한 진전이 없었다.

그러한 시점에서 그의 판결문을 발견한지 20주년이 되는

2013년에 인터넷을 통하여 러시아 교민 사업가를 알게 되어 정식으로 조사를 의뢰한 결과 마침내 그리도 알고 싶었던 러시아 유학시절의 학적부가 발견되었는데 결과보다는 과정을 중시하는 필자의 관점에서 어떤 과정을 거쳐서 학적부가 발견된 것인지 그 과정을 자세히 소개하고자 한다.

교민사업가를 통하여 정식으로 의뢰한 결과 우랄공대에서 비록 박찬오는 아니지만 비슷한 이름이 박찬석이 나왔다는 것인데, 필자가 여기서 주목한 것은 그가 1923년생이라는 점이었다.

그것은 1923년은 바로 박찬오의 출생년도이었기 때문에 깊은 관심을 가졌던 최종적으로 확인한 결과 박찬오와 박찬석이 동일인이 아니라는 사실이 밝혀졌다.

더불어 교민 사업가가 우랄공대 고문서 담당자의 말을 전해주었는데 그 내용은 우랄공대에 박씨 성을 가진 인물로서 1923년생은 전혀 없다는 사실이었다.

그동안 박찬오가 우랄공대에서 재학하였을 것으로 추정하였던 그 희망이 무너지는 순간이었다.

그러나 바로 그 순간 기적 같은 일이 일어났다.

작년에 구입하였던 "소련군정기 북한의 교육"이 문득 떠올랐던 것인데 그것은 예전에 읽은 내용 중에 "1947 / 1948학년도 북한 유학생의 소련 고등교육기관 입학현황"을 다시 확인하고 싶었기 때문이었다.

그 리스트를 보면서 이미 확인하였던 우랄공대에 "학부생 20, 대학원생 2"을 보면서 이제 더 이상 우랄공대에서 박찬오를 찾는 것은 힘들다고 생각하였는데 바로 그 밑에 있는 "스베르들롭스크 광산대학 10"에 초점이 모아졌다.

사실 광산대학은 책을 구입한 이후 몇차례 본 적이 있지만 모든 초점이 우랄공대로 집중되어 있었으며, 더군다나 당시까지만 하더라도 그가 물리학을 전공하였을 가능성에 무게를 두고 있었기 때문에 광산대학은 크게 눈여겨보지 않았다.

그런데 여기서 결정적으로 간과한 부분이 있었는데, 그것은 광산대학이 스베르들롭스크에 위치한 대학이라는 대목이었다.

이와 관련하여 우랄공대도 중요하지만 아무리 전공이 다르다고 하여도 광산대학이 같은 지역에 있는 학교라는 것을 주목하고 추적해야 하였거늘 바로 이 부분을 놓치는 실수를 하였다.

그런데 믿었던 우랄공대에서 결국 그의 기록을 찾는데 실패하면서 속으로 "그렇다면 이제 어디서부터 시작해야 할까?"라는 답답한 심정에서 바로 그 책이 혜성같이 떠올랐던 것이다.

그래서 교민 사업가와 통화할 때 광산대학의 존재를 처음으로 언급하였는데 사업가가 광산대학이 우랄공대와는 분야가 다른 대학이지만 같은 지역에 있기에 일단 조사할 필요가 있다는 견해를 제시하면서 자료조사가 시작되었다.

그런데 당시 타이밍이 절묘하였던 것이 사업가가 방문하였던 우랄공대에서 광산대학이 그리 멀지 않은 곳에 위치한 것을 짐작할 수 있었다.

그것은 사업가가 우랄공대까지 왔으니 가는 길에 광산대학도 방문하겠다고 말하였기 때문이었다.

그 이후 생각보다 빨리 연락이 왔는데 드디어 박찬오의 기록을 학교 PC에서 발견하였다는 것이었다.

당시의 기록이 공식적인 기록은 아니라고 하더라도 박찬오의 흔적이 어떤 식으로든지 학교에서 발견된 것을 고무적으로 생각하였으며, 결국 그 다음날에 박찬오의 판결문을 발견한지 실로 20년 만에 그의 공식적인 기록이라 할 수 있는 학적부가 발견되었다.

그는 해방 이듬해인 1946년 소련 제1기 유학생 299명중의 일원으로 선발되어 2년간의 입학시험 준비기간을 거쳐 1948년 9월 27일 스베르들롭스크 광산대학 지구물리학과에 입학하여 1953년 7월 10일 졸업하였으며 구체적인 전공은 '지구물리학적 탐사방법'으로 확인되었다.

이와 관련하여 그의 대학졸업 논문 제목이 밝혀졌는데 구체적으로 "제티가린스키 지역의 니켈광산 탐사에 관한 사문석지대 챠트를 위한 지구물리학적 프로젝트"였는데 이런 분야로는 문외한이나 제목만 읽어도 스케일이 거창한 논문이라는 것을 느낄 수 있었다.

이러한 논문제목 중에서 특히 깊은 인상을 받은 부분이 '제티가린스키' 지역이었다.

그래서 "제티가린스키"가 어디인지 궁금하여서 인터넷 검색을 하는 중에 발견한 카자흐스탄 관련자료 중에서 대부분의 도시가 '스키'로 끝나는 부분이 많아서 혹시 이 지역이 카자흐스탄과 관련이 있는 것은 아닐까? 생각이 들었다.

그래서 좀더 구체적인 정보를 알고 싶어서 교민 사업가에게 문의하니 카자흐스탄 지역에 있다는 사실을 알려 주었다.

이로써 '제티가린스키'가 현재 러시아가 아닌 카자흐스탄에 있는 지역이라는 기본정보는 확인되었다.

이러한 기초적인 정보를 바탕으로 인터넷 검색을 비롯하여 도서관 및 관련기관에 '제티가린스키'에 대하여 문의를 하였으나 명확한 답변을 받지 못하였다.

그러한 가운데서 주 카자흐스탄 대사관의 협조로 결국 '제티가린스키' 가카자흐스탄에 있는 도시라는 것을 공식적으로 확인하였다.

이와 더불어 '제티가린스키'가 지난 1997년 '지티카린스키'로 변경되었다는 사실과 함께 현재 코스타나이주에 있는 도시라는 정보를 알게 되었다.

이상과 같이 박찬오는 일제 강점기에는 경기공립중학교에서 항일운동을 했고 해방이후 소련 제1기 유학생으로서 러시아 스베르들롭스크 광산대학에서 지구물리학을 전공하였으며 북한의 지구물리학자로 활동하다가 1963년 공동논문 기고이후에 행적을 전혀 알 수 없다는 것이다.

결론적으로 돌아오는 2015년이면 남북이 분단된 지도 어느덧 70주년이 되는데 필자는 박찬오가 이념문제를 초월하여 국제적인 과학자로 재조명되기를 간절히 바라고 있으며, 더 나아가서 그에 대한 연구가 남북이 화합할 수 있는 하나의 계기가 되기를 충심으로 기원한다.

항일운동

이철주

박찬오의 영향을 받아서 CHT^{조선인해방투쟁동맹}에서 함께 활동하게 된 조직원이 있었으며 이름은 이철주라고 하는데 당시 4학년에 재학 중이었다. 박찬오의 1년 후배가 된다. 그런데 이철주의 가문을 주목하지 않을 수가 없다. 그의 고조부는 흥선대원군의 형님이 되는 흥완군이고, 그런 관점에서 황족의 후예인 이철주는 어떤 인물인지 살펴보기로 하자.

그는 1922년 서울 가회동에서 출생하였는데 그의 부친은 이해선이요, 모친은 을사늑약에 비분강개하여 장렬하게 순국한 충정공 민영환의 딸이었다. 재동 공립보통학교를 거쳐

1937년에 경기 공립중학교에 입학하여 4학년 재학 중에 박찬오의 연설과 영화 "민족의 제전"을 통하여 민족의식을 느끼게 된 이후 항일운동에 투신하였다. 구체적으로 1940년 11월 18일 박찬오가 가회동에 있는 이철주의 집을 방문하여 함께 항일운동을 할 것을 결의하고 이틀 후인 11월 20일 이철주의 소개로 박승유, 이순복, 민성기 등과 회합하여 CHT조선인해방투쟁동맹의 세포조직이라 할 수 있는 MH회를 결성하였다.

그러나 안타깝게도 본격적으로 활동을 전개하지 못하고 일제에 체포가 되어 경기도 경찰부를 거쳐 서대문 형무소에 수감되었다가 1942년 12월 2일 경성지방법원에서 징역 2년 집행유예 5년을 언도받았다. 그가 집행유예를 언도받았기에 일단 석방은 되었으나 학교에서는 퇴학조치가 되어 결국 우여곡절 속에 배재중학교에서 졸업하였다.

해방 이후 그는 연세대 물리학과를 졸업하였으며, 졸업한 이후 물리학과 교수로 재직하면서 흔히 한국 물리학계의 태두로 알려졌으며, 우리나라 천문학계의 발전에 크게 기여하였다.

황족의 후예로서 일제 강점기에는 항일운동을 하였으며 해방 이후 한국 물리학계에 커다란 발자취를 남기었던 이철주는 1988년 향년 67세를 일기로 임종하였으며 지난 2005년 8·15에 독립유공자로 추서되었다.

묻힌

박의서

박의서의 존재를 처음으로 알게 된 것이 1980년 이었는데, 어느 덧 30년이 넘었다. 당시 본가本家에 소장되어 있던 경신보庚申譜를 통하여 박의서의 존재를 최초로 알게 되었는데 족보를 보면서 한가지 궁금하였던 점은 그가 출생한 해만 있고, 사망한 연도, 후손, 묘소가 전부 누락되었다는 점이다.

세월은 흘러 1990년 초라고 기억되는데, 박의서가 만주에서 군자금을 모집하다가 행방불명되었다는 놀라운 사실을 알게 되었으며, 이러한 일이 하나의 계기가 되어 본격적으로 그의 행적을 추적하였다. 독립운동 관련 자료들을 조사하던 어느 날, 그의 행적과 관련된 단서를 발견하였다. 구체적으로 1927년 3월 신민부 본부에서 박경순이 체포되었다는 기록이었는데, 바로 박경순은 박의서의 자였다.

박경순은 하얼빈 영사관 경찰과 중국 경찰의 합동 작전에 의하여 체포된 이후 서대문 형무소로 압송되어 사형되었다고 하는데 한가지 이상한 점은 사형을 당하였다면 판결문이 있을 터인데, 어찌된 영문인지 아무리 조사해도 판결문이 발견되지 않았다.

아울러 당시의 신문 기사를 검색해도 박경순과 관련된 기사는 없었으며 필자가 가장 알고 싶었던 인적 사항도 없었다.

여기서 박경순의 인적 사항에 깊은 관심을 보인 이유는 만약에 박경순의 본적이 경기도 연천이라는 기록이 발견된다면, 거의 틀림없이 박의서와 동일인이라는 나름대로의 확신이 있었기 때문이었다.

박경순은 서대문 형무소에서 사형을 당하였다고 하였기 때문에, 판결문만 찾게 되면 인적 사항을 바로 확인할 수 있는 것인데, 무척 안타까웠다.

그래서 심사숙고 끝에 2002년 11월에 보훈처에 독립유공자 신청서를 제출하였으며, 그 이듬해인 2003년에 뜻밖의 낭보가 전해 졌는데, 연천의 공무원으로부터 박의서의 호적을 발견하였다는 고무적인 소식을 듣게 되었다.

이러한 호적의 발견이 상징적인 의미가 큰 것은 그가 이 세상에 확실히 존재하였다는 공식적인 근거 자료가 되기 때문이었다.

그러나 박의서의 호적을 연천에 가서 확인한 결과, " 첩첩산중疊疊山中 " 이라는 말은 이런 경우에 해당될 것이다.

무슨 연유인지 그가 불과 15세에 사망한 것으로 기록되었는데, 그때의 허탈감이란 이루 말할 수 없었다.

당시 보훈처에서 그의 추서문제를 심사중이었기 때문에 호적은 매우 중요한 변수가 될 수 있었는데, 호적만 통하여 놓고 볼때 오히려 호적으로 인하여 기대하였던 독립운동의 문제가 신빙성이 없게 되는 상황을 맞게 되었다.

그래서 이 자료를 보훈처에 추가로 제출해야 할 것인지 여부를 놓고 고민을 하였으며, "진인사대천명盡人事待天命"의 심정으로 그의 호적을 추가로 제출하였다.

2003년 8월초에 보훈처에서 공문이 왔는데, 필자가 신청한 박의서와 박경순이 동일인이라는 확실한 물증이 없기에 추서에서 제외되었다는 통보를 받은 이후, 한때나마 실의에 빠진 적도 있었다.

그러한 공백기를 거치면서 다시 자료추적의 깃발을 펼치게 되었던 것인데, 뜻밖에 새로운 자료를 발견하는 개가를 올렸다.

1954년 당시 생존 하였던 신민부원들의 공동 증언록이라 할 수 있는 '신민부약사新民府略史' 에는 다음과 같은 내용이 소개되었다.

> 신민부 중앙 본부가 石頭河子로 옮긴 뒤에 1927년 2월 日鷲 및 중국군 1개중대의 불의 습격으로 중앙집행위원장 金赫, 경리부위원장 兪正根, 본부직원 金允熙, 朴敬淳, 韓慶春, 南重熙, 李鍾淳, 李正和, 南極(漢松) 등이 체포되어 金赫은 10년, 兪正根 15년, 南極 4년, 李鍾淳 6년, 李正和 5년, 南重熙 5년 각각 수형되고, 朴敬淳은 서대문 감옥에서 사형에 처하여 졌다.

이러한 자료를 바탕으로 당시 신문기사를 조사하여 본 결과, 신민부본부 습격사건이 1927년 2월에 이루어진 것이 아니라 1928년 1월에 일어난 사건이라는 것을 알게 되었다.

그런데 한 가지 미스터리는 박경순은 1928년 1월에 함께 체포되었다고 하는데, 재판에 함께 회부된 명단에는 누락이 되어 있다는 점이다.

그렇다면 박경순은 서대문 형무소로 압송되어, 사형이 집행되었다고 하는데, 무슨 연유로 명단에는 누락된 것이었을까 ?

이러한 의문을 풀 수 있는 단서가 발견되었는데, 신민부 본부 습격 사건은 1928년 한 차례만 있었던 것이 아니라, 그 전해인 1927년에도 있었다는 새로운 자료를 발견하였다.

1927년 3월 당시 신민부 선전부 위원장 이었던 허성묵을 포함한 12명의 신민부원들이 체포된 것인데, 실제 재판에 회부된 사람은 10명이었다.

필자는 이번에 새롭게 발굴된 자료에서 박경순이 발견되기를 내심 기대하였지만 체포된 명단에 박경순은 제외되었다.

그러나 새로운 자료에서 가능성을 발견한 부분은 체포는 12명이 되었는데, 실제 재판에 회부된 명단은 10명이라는 점이다. 그렇다면 2명이 빠졌다는 점인데, 그 2명중의 한명이 박경순일 가능성도 배제할 수 없다고 본다.

박의서는 독립운동가 발굴을 하는데 있어서 최초의 동기부여를 준 인물이며, 그의 행적을 조사하는 과정에서 뜻밖에 1993년 4월 박찬오의 판결문을 찾게 되었으며, 이러한 판결문의 발견이 하나의 계기가 되어 2008년 3·1절에 임원빈과 이정순이 독립유공자로 추서되었다.

박의서의 가족은 부인과 딸이 있는 것으로 알려져 있으나 불행하게도 이 모녀母女마저도 현재 행방불명되었는데, 더불어 서대문형무소에서 사형을 당하였다고 알려진 박경순도 현재 후손관계가 파악되지 않았다.

끝으로 보훈처가 박의서와 신민부에서 활동하다가 서대문 형무소에서 사형당한 것으로 알려진 박경순이 동일인물인지 그 여부를 공식적으로 조사하여 주기를 바란다.

비운의 애국지사

김종백

흔히 산해라고 알려진 김종백은 베일에 싸인 인물이라고 할
수 있으며, 1945년 1월 서대문 형무소에서 옥사한 것으로 알
려져 있는데 김종백은 과연 어떤 인물이었는지 알아보기로 하
자.

산해는 1914년 함경북도 길주출신으로 알려져 있지만 그의
어린시절과 가족관계에 대해서는 알 수가 없다.

그가 공식적으로 등장하는 시점은 일본 명치대학을 졸업하
였다는 것인데, 어떤 계기에 의하여 일본에 가게 되었는지 그
내력도 파악하기 어렵다.

1943년 그가 동경에서 조선민족해방협동당朝鮮民族解放協同黨을 결성할 당시 그는 대동아학원의 서무계 겸 강사라는 직함을 가졌다고 하는데, 시시각각 일제의 패망의 기색이 짙어지는 상황에서 30세라는 젊은 나이에 조선독립이라는 웅장한 포부를 가슴에 품으면서 협동당을 결성하였다.

그런데 이러한 협동당의 본거지가 일본에서 조선으로 옮겨지면서 새로운 판도가 형성되는 것인데, 구체적으로 1944년 경성에 있는 계동에 임시본부를 마련하면서 서서히 세력을 확장하게 되었으며, 바로 그런 가운데서 당시 경성제대 의학부 학생으로 재학하고 있던 김종설과의 운명적인 만남이 이루어졌다.

사실 산해가 김종설을 만나게 된 계기는 같은 대학의 학우學友였던 정성장을 통하여 소개받은 것인데, 당시 산해가 김종설을 만나게 된 과정은 다음과 같다.

1944년 7월 16일 당시 경성제대 의학부 학생인 정성장이 종로구 관훈동에 위치한 문우당文友堂에서 산해를 최초로 만나게 되는데, 그로부터 10분 후 마침 지나가던 김종설을 목격한 정성장이 김종설을 부르면서 산해와 첫 만남이 이루어지게 되었다.

문우당文友堂은 당시 종로구 관훈동 155번지에 위치하고 있던 고서점古書店이었으며 건물은 한옥이었는데, 한 가지 인상적인 점은 유리문으로 되어 있었다는 점이다.

그러한 구조로 이루어져 있었기에 정성장이 김종설이 지나가는 것을 쉽게 목격할 수 있었다.

김종설이 김종백을 만날 당시에 김종백과 같은 동경유학생 출신의 김준호가 동석하였다고 하며, 또 다른 유학생도 있었다고 한다.

일제가 협동당원들을 체포한 기록에 의하면 김종백이 문우당文友堂에 자주 출입하였다는 것으로 미루어 볼 때 이곳이 협동당의 거점이었을 가능성도 배제할 수 없다고 본다.

여기서 김종설은 산해를 만난 것이 하나의 계기가 되어 몽양 여운형과 산해의 회동을 주선한 것을 비롯하여 한마디로 건국동맹과 협동당을 연결하는 중요한 역할을 하였다.

한편 계동에 임시본부를 마련하였던 산해는 다시 포천 백운동에 근거지를 마련한 이후 협동당을 전국적인 조직으로 확대하였는데, 1944년 12월에 일제의 습격을 받아 산해를 비롯하여 백운동에 있던 60명의 당원들이 검거되는 불행을 겪게 되었으며, 당시 전국적으로 120명이 검거되었다고 하는 것을 통하여 볼 때 협동당의 규모가 상당했음을 미루어 짐작할 수 있다.

산해가 결국은 1945년 1월 일제의 고문으로 인하여 서대문 형무소에서 옥사하였는데, 이러한 산해의 시신이 어떻게 처리되었는지 그 누구도 모른다는 것이다.

이와 더불어 산해의 가족도 전혀 그 행방을 알 수 없는데 협동당의 지도자로서 나라의 독립을 위하여 자신의 모든 것을 바쳤던 산해의 결말이 이렇게 불행하게 된 것을 생각하면 비통한 심정 금할 수가 없다.

산해가 장렬하게 순국한지 66주기가 되는 2011년 4월에 보훈처에 독립유공자 신청서를 제출하였지만 추서가 이루어지지 못하였는데, 그 이유는 구체적인 행적이 미비하다는 것이었다.

이와 관련하여 산해는 이미 소개한 바와 같이 1943년 결성한 조선민족해방협동당朝鮮民族解放協動黨의 당수黨首로서 활동하던 중 1944년 체포되어 그 이듬해인 1945년 1월 서대문 형무소에서 고문의 후유증으로 장렬하게 순국하였던 것인데, 제출한 자료중에 그가 순국하였다는 관련기록이 있지만 문제는 보훈처가 인정하는 일제 강점기 자료가 아니라는 점이다.

그동안 추적한 자료들을 토대로 볼 때 산해가 서대문 형무소에서 순국하였다고 믿고 있지만 당시 심문조서審問調書나 순국과 관련된 서대문형무소의 공식적인 기록이 없다는 이유만으로 보훈처에서 그의 공적功績이 인정받지 못하는 현실에 착잡한 심정 금할 수가 없다.

끝으로 산해의 항일운동 행적이 공식적으로 인정되어 순국선열殉國先烈의 반열에 오르기를 기원한다.

저자 박관우

1963년 서울에서 출생.
1986년 가톨릭대학교 신학과 졸업.
1997년 한국사서교육원 수료.
독립운동가 발굴활동을 하여, 6명의 독립유공자 신청서를 보
훈처에 제출하여 2008년 3·1절에 독립운동가 2명을 독립
유공자로 추서함.
고종황제의 후손을 알게 된 인연으로 대한제국 황실을 세상에 알리는 활동 중
2006년 10월에 칼럼을 쓴 것을 시작으로 수백 편의 칼럼을 남겼으며, 현재 칼럼니
스트와 저술가로 활동중.

글앤북 지식총서 2

역사 속에 묻힌 인물들

2013년 7월 30일 초판인쇄
2013년 8월 10일 초판발행

지은이 박 관 우
펴낸이 한 신 규
편 집 김 영 이
펴낸곳 글앤북 Geul&Book
주 소 138-210 서울특별시 송파구 문정동 99-10 장지빌딩 303호
전 화 Tel.070-7613-9110 Fax.02-443-0212
E-mail geul2013@naver.com
등 록 2013년 4월 12일(제25100-2013-000041호)

ⓒ 박관우, 2013
ⓒ 글앤북, 2013, printed in Korea

ISBN 979-11-950284-4-3 03910 **정가** 9,000원

* 저자와 출판사의 허락 없이 책의 전부 또는 일부 내용을 사용할 수 없습니다.
* 잘못된 책은 교환해 드립니다.